Hrsg.: Akademie für freie Wissenschaften,

Der Denker
Jahrbuch 2024

DIE AKADEMIE
DER DENKER

Originalausgabe

1. Auflage
Copyright 2024 © ars vobiscum Media e. U.
Oberhofen 7, 4894 Oberhofen am Irrsee
www.ars-vobiscum.media

Umschlaggestaltung:
Sigrid Eibich / lemon-kommunikationsdesign.de

Satz:
Anna Iding

Druck und Bindung:
Neumarkter Druckerei - Neumarkt am Wallersee (AT)
Plureos - Bad Hersfeld
Printed in Austria

Paperback ISBN   978-3-903479-18-0
Hardcover ISBN   978-3-903479-19-7
eBook ISBN   978-3-903479-20-3

DIE AKADEMIE
DER DENKER

DER DENKER
2024

Inhalt

Vorwort

Denken Mangelware?

Als man mich fragte, ob ich Interesse hätte, ein kurzes Vorwort für das Jahrbuch 2024 der Akademie der Denker zu verfassen, musste ich nicht lange darüber nachdenken. Es ist mir eine besondere Ehre, diese Aufgabe zu übernehmen. Einerseits, weil an diesem Projekt viele renommierte Kolleginnen und Kollegen als Lehrende beteiligt sind und ich schon von daher einen echten solidarischen Beitrag leisten möchte – besonders in Zeiten, wo Pseudo-Solidarität in unserer Gesellschaft zur Tagesordnung gehört.

Andererseits, weil eine „Akademie der Denker" in unserer derzeitigen Universitätslandschaft etwas Besonderes darstellt. Ist das Denken nicht genau das, was heute an vielen Universitäten Mangelware ist? Denken an einer Universität heißt für mich an erster Stelle, als Studierende den gelehrten Stoff kritisch zu überdenken und darüber mit den Lehrenden zu diskutieren. Leider geschieht beides nur allzu selten, und ist dies doch der Fall, geht konstruktive Kritik mit der Gefahr der Ausgrenzung einher. Deutlich häufiger dominieren Zeit- und Leistungsdruck, Beziehungslosigkeit, rigide Organisationsstrukturen und eine nahezu feindselige Haltung, den Status Quo einer Universität zu hinterfragen, den universitären Alltag.

All dies sind Symptome des Materialismus. Das Menschenbild der Maschine, „matter over mind", hat unsere Gesellschaft fest im Griff. Dazu gehört auch, dass sich Universitäten zu Wirtschaftsunternehmen entwickelt haben, deren Arbeitsweise durch Politik und Industrie diktiert werden. Nur wer hier mit aller Kraft dagegenhalten und seinen Weg abseits des Mainstreams aufrecht gehen kann, schafft wirklich Neues. Albert Einstein meinte einmal: „Universitäten sind schöne Misthaufen, auf denen gelegentlich einmal eine edle Pflanze gedeiht." Dieses Dagegenhalten zeigte sich besonders in den letzten Pandemiejahren. Echtes Wissen, welches sich an der Natur des Menschen und seinem intuitiven Gesundheitserleben und -verhalten orientierte, wurde zur Überlebensstrategie – mechanistisches Pseudowissen und Fakenews hingegen, vertreten von Schulmedizin, Medien und Politik, wurden zur lebensgefährlichen Falle. Es geht inzwischen nicht mehr nur um mehr Wissen und Bildung, wie so oft von den Mainstream-Medien – wohl um den materialistischen Status Quo zu zementieren – proklamiert wird. Vielmehr geht es um eine bestimmte Art von Wissen und Bildung. Dieses Wissen ist ganzheitlich und daher im gesunden Sinn mächtig, es ermöglicht Einsicht in die Machenschaften jener, die mit unserer Psyche spielen, um ihre materialistischen, menschentfremdeten Interessen durchzusetzen. So gesehen ist dieses echte Wissen Teil unseres sozialen Immunsystems. Solch ein Wissen ist es auch, das an der Akademie der Denker gelehrt und vertreten wird. Gelehrt und vertreten von jenen, die in den letzten Jahren den Mut hatten, für das Menschliche in unserer Gesellschaft einzutreten und dabei leidvoll erfahren mussten, dass diese Form von echter Solidarität mit teils schweren existenzbedrohenden Sanktionen einherging. Allen Widernissen zum Trotz sind sie dadurch nur noch stärker – sozial immuner – geworden.

Ich wünsche den Organisatoren der Akademie der Denker in den kommenden Jahren viel Erfolg mit ihrem Projekt, den Vortragenden eine Menge Enthusiasmus bei ihrer Arbeit und den Studierenden einen möglichst umfassenden sozialen Impferfolg!

Prof. Dr. med. Dr. rer nat. M. Sc. Christian Schubert

Vom Segen der Freiheit

Paul Romey

Zusammen mit Corona begann ich mein Lehramts-Studium an der Eberhard-Karls-Universität Tübingen in den Fächern Deutsch und Englisch mit Philosophie im Nebenfach. Schon vor Beginn meines Studiums hatte ich hohe Erwartungen an mein Studium: lebhafte Diskussionen führen, in die altgriechische Philosophie eintauchen, lernen, bis der Kopf qualmt und natürlich das Studentenleben genießen. Doch es kam anders. Aufgrund der politischen Maßnahmen fand mein Studium anfangs vollständig digital statt.

Schon in den ersten Vorlesungen wurde mir klar, dass meine Dozenten ein materialistisches Weltbild vertraten.

Die geistliche Ebene fehlte vollkommen, weshalb die Frage, was Bewusstsein ist und wo es herkommt, in meinem Deutschseminar zur Technik des 20. Jahrhunderts ungeklärt bleiben musste. Stattdessen machte sich ein Denken breit, welches man früher nur aus kommunistischen Staaten kannte. Schon im Vorfeld malten sich meine Kommilitonen aus, wann und wo sie in welcher Position arbeiten wollten und welche politischen Ansichten sie für ihre Anstellung brauchten.

Die Frage nach der „eigenen" Meinung stellte sich somit für die meisten gar nicht.

Folglich spielte der feste Glauben an die 800 Geschlechter und den schon morgen anstehenden Klima-Kollaps, eine zentrale Rolle für die soziale Teilhabe an der Universität. Sie waren Tore zu der sozialen Gemeinschaft, die mir durch meine abweichenden Ansichten verschlossen bleiben sollten.

Aus all dem entstand ein Vakuum und ein großer Schmerz über die damalige Situation.

Man möge sich heute noch einmal vergegenwärtigen, wie sehr der gesellschaftliche Diskurs durch Techniken des social engineering (zu Deutsch: *Soziales Ingenieurswesen; eine moderne Form der politischen Einflussnahme*) polarisiert und verunmöglicht worden war.

Der verbleibende Rest der Debatte beschränkte sich damals fast ausschließlich auf virologische Aspekte des Geschehens, die Sozialwissenschaftler wurden nicht in den Bundestag eingeladen und spielten bei der Betrachtung der gesamtgesellschaftlichen Lage keinerlei Bedeutung. Wie auch jetzt in vielen Publikationen zu lesen ist, leidet die moderne Wissenschaft an einer zunehmend einseitigen Betrachtung von Einzelthemen, die nur allzu häufig aus dem größeren Zusammenhang gerissen werden.

Prof. Max Ruppert ergriff die Initiative und gründete die Akademie der Denker nach dem Vorbild Alexander von Humboldts am 22. April 2022.

Zu dem Zeitpunkt hatte ich innerlich mit der akademischen Welt bereits abgeschlossen. Dies änderte sich für mich mit dem Kontakt zu Prof. Ruppert, zu dem ich im Vorfeld zur Gründung der Akademie der Denker den ersten Kontakt aufnahm.

Im Rahmen der Akademie der Denker erlebte ich sowohl in Präsenz als auch in Online Vorlesungen lebhafte Gespräche, die mich immer wieder beeindruckten.

Ich beobachtete, wie der fachfremde Blick auf die akademischen Disziplinen immer wieder neue Perspektiven und Erkenntnisse eröffnete, gerade bei gestandenen Professoren, die sich über Jahrzehnte in ihrem Fachgebiet verdient gemacht hatten. Das beeindruckte mich sehr. Am Rande größerer Veranstaltungen kam es immer wieder zu fruchtbaren Gesprächen über die vielen Möglichkeiten, die Erkenntnisse aus Medizin und Psychologie in das eigene Leben zu integrieren und es dadurch lebenswerter zu machen. Der für mich bedeutendste Aspekt der Akademie der Denker ist jedoch derjenige, der das bloße Begreifen mit Mitteln des Verstandes transzendiert.

Frau Prof. Uhlenwinkel und Frau Prof. Egner konnten mit beeindruckender Akribie die Mechanismen darlegen, mit denen sowohl quantitativ als auch qualitativ mehr und mehr Professoren an ihren Universitäten ausgegrenzt, gemobbt und gekündigt worden sind.

Gerade hier ist die nicht sichtbare Ebene durchaus entscheidend, wie Dr. med. Mathias Künlen in seiner Vorlesung zur Aura-Chirurgie darlegte. Denn auch die sich kollektiv abzeichnenden Muster, wie die millionenfache Ausgrenzung der Ungeimpften in der Corona-Zeit, hat ihre Ursache in nicht gelösten Konflikten. Diese Konflikte zu verstehen, zu benennen und zu analysieren, ist wichtig.

Wichtiger ist jedoch, den beteiligten Menschen zu vergeben und sie zu segnen, um die Spaltung in der Gegenwart zu überwinden. Denn auch die beste Analyse kann den Konflikt nicht lösen. Es ist Zeit, förmlich über den eigenen Schatten zu springen und sich durch das Vergeben und die Segnung die Freiheit zurückzuholen, deren Abwesenheit das eigene Leben für viele noch immer dominiert.

Dies kann sich durch mannigfaltige Konfliktlinien zeigen, wie beispielsweise Schuldzuweisungen, Kontaktabbrüche oder innere Wunden, die nicht heilen wollen.

Es ist schwer in Worte zu fassen, wie sich das eigene Leben verändert, wenn man es wagt, diesen doch recht ungewöhnlichen Weg der Segnung und der Vergebung zu gehen. Doch kann ich aus eigener Lebenserfahrung sagen, dass sich auf diese Weise Konflikte tatsächlich lösen lassen.

Diese Konfliktlösungen wirken sich durchaus positiv auf die Gemeinschaft aus, in der man lebt.

In diesem Sinne wünsche ich allen Lesern ein lehrreiches und gesegnetes Semester an der Akademie der Denker.

Paul Romey

BIOGRAPHIE

Paul Romey hat lange Zeit als Leiter der studentischen Freiheitsbewegung „Studenten stehen auf" (STAUF) diese maßgeblich mitgestaltet. Er begleitete die Akademie der Denker von Beginn an und ist seither mit ihr eng verbunden. Bekannt wurde Paul Romey unter anderem durch Interviews und Artikel während der Corona-Zeit. Beispielhaft ist der Beitrag bei Boris Reitschuster zu nennen, *https://reitschuster.de/post/ das-stille-leben-und-leiden-an-deutschen- unis/*, in dem er stellvertretend für viele Leidensgeschichten an den Unis seine eigene „Ohnmacht, Wut und Trauer" in dieser Zeit authentisch wiedergibt.

Einleitung und Danksagung

Das zweite Jahrbuch „Der Denker"

Liebe Leserinnen und Leser,

dem französischen Schriftsteller Victor Hugo und Mitglied der Académie Française wird das Zitat „Rien n`est plus fort qu'une idée don't le temps est venu" („Nichts ist mächtiger als eine Idee, deren Zeit gekommen ist") zugeschrieben.

Man kann dieses Zitat einerseits der zeitlichen Einordnung wissenschaftlichen Arbeitens und Erforschens sowie dem daraus erzielten Erkenntnisgewinn zuordnen.

Man kann es darüber hinaus aber auch mit der Gründung einer wissenschaftlichen Institution assoziieren.

Die im Jahr 2022 ins Leben gerufene „Akademie der Denker" war in ihrem freiheitlichen Selbstverständnis inhaltlich reif und in ihrer Gründung als freiheitliche wissenschaftliche Institution zeitlich überfällig.

Es wurden in Form einer Ringvorlesung als auch eines wöchentlichen Regelbetriebs Vorlesungen von mehr als 60 renommierten Wissenschaftlern unterschiedlichster Disziplinen für und vor einer Vielzahl von wissenshungrigen Studenten gehalten. Daran schloss sich ein respektvoller, ergebnisoffener Diskurs zwischen Vortragenden und Hörern auf Augenhöhe an. Um anstelle eines zeitlich beliebigen Abspielens von Videobeiträgen bewusst die Qualität der Zeit eines lebendigen Austauschs zwischen Dozenten und Studenten zu revitalisieren, wurde durch die Akademieleitung bewusst entschieden, die mündlichen Vorlesungen nicht in Ton und Bild festzuhalten, sondern diesen einen einmaligen Zeitpunkt zuzuweisen, an dem der Diskurs stattfindet.

Ungeachtet dessen kamen in der Folge der Gedanke und

der Wunsch auf, die Aussagen der Dozenten in Papierform zu bannen und ein Jahrbuch mit ausgewählten Beiträgen zu erstellen. Es entstand „Der Denker" (Jahrgang 2023) mit siebzehn ausgewählten, interdisziplinär angesiedelten Beiträgen.

Seither ist ein Jahr vergangen. Neue Dozenten stießen zur Akademie der Denker hinzu. Neue Vorlesungen wurden ins Leben gerufen. Aber auch Dozenten der ersten Stunde der Akademie erweiterten ihre bereits gehaltenen Vorlesungen um zusätzliche Inhalte und blieben dem Vorlesungsbetrieb treu. Somit war es eine logische Konsequenz, mit „Der Denker" (Jahrgang 2024) die begonnene Reihe fortzusetzen und das geleistete wissenschaftliche Wirken der Akademie-der-Denker zu dokumentieren.

Allen Dozentinnen und Dozenten sei an dieser Stelle herzlichen Dank gesagt. Durch deren Leidenschaft und Engagement für Wissenschaft und Erkenntnisgewinn wurde und wird die Akademie-der-Denker erst lebendig. Dies gilt auch für die rege, interessierte und herausfordernde Teilnahme durch Studentinnen und Studenten. Auch ihnen gilt der Dank.

Möge es Ihnen als Leser neue und erwünschte Erkenntnisse als auch viel Freude bringen!

Jürgen Foag

Beiträge der Dozenten

Die Grundlagen der neuzeitlichen Naturwissenschaft

von Michael Esfeld

Zusammenfassung:

Anhand von Descartes zeigt der Text die Grundlagen der neuzeitlichen Naturwissenschaft auf, nämlich wie Objektivität als Ziel das kritische Nachprüfen (disziplinierte Skepsis) als Methode impliziert und wie aus diesem Ziel folgt, dass die neuzeitliche Naturwissenschaft alles Subjektive – unser Bewusstsein, Denken und Handeln – prinzipiell nicht erfassen kann. Vor diesem Hintergrund zeige ich dann, wieso der Szientismus die Gegen-Revolution zur Wissenschaft ist (Hayek) und die Wissenschaft zerstört.

Die Grundlagen der neuzeitlichen Naturwissenschaft

Die Grundlagen bei Descartes

René Descartes legt in seiner Abhandlung über die Methode, veröffentlicht 1637, die Grundlagen für die neuzeitliche Naturwissenschaft. Diese ist nicht reine Theorie, sondern sie dient einem praktischen Ziel, nämlich uns, wie Descartes es ausdrückt, zu Herren und Besitzern der Natur zu machen.[1]

Das Ziel ist, die Bewegungsgesetze der Materie zu erkennen, um durch technologischen Fortschritt die Lebensumstände der Menschen zu verbessern.

Um dieses Ziel zu erreichen, muss die Naturwissenschaft objektiv sein, also die Dinge in der Natur und ihr Verhalten so darstellen, wie es unabhängig von uns besteht. Nur dann ist die technische Nutzbarkeit möglich.

---

1 Descartes, René (1902): Œuvres de Descartes. Tome 6. Publié par Charles Adam et Paul Tannery. Paris: Cerf. S. 62

Um beispielsweise Flugzeuge bauen zu können, muss man die Gravitation so erfassen, wie dieses Bewegungsmuster als solches in der Natur besteht; andernfalls würden die Flugzeuge abstürzen. Dementsprechend ist der technologische Erfolg, der auf die Naturwissenschaft zurückgeht, das beste Argument für den wissenschaftlichen Realismus, also dafür, dass die Naturwissenschaft tatsächlich die Beschaffenheit der Natur aufdeckt. [2]

Objektiv zu sein, heißt, von der subjektiven Perspektive auf die Dinge in der Natur so weit wie möglich abzusehen. Dementsprechend ist der Standpunkt von nirgendwo das Ideal der neuzeitlichen Naturwissenschaft. Das ist der Standpunkt, bei dem alle subjektiven Einflüsse herausgefiltert sind. Das bedeutet, von allen Sinnesqualitäten abzusehen – also von allem, was Farbe, Ton, Geruch, Geschmack usw. betrifft. Übrig bleiben dann allein Ausdehnung und Bewegung. Descartes charakterisiert dementsprechend die Natur als res extensa.

Objektiv sind Ausdehnung und Bewegung deshalb, weil alles, was wir in wissenschaftlichen Experimenten nachprüfbar beobachten können, die relativen Lagen voneinander abgegrenzter Gegenstände und die Veränderung dieser Lagen sind. Folglich gilt: Wenn eine naturwissenschaftliche Theorie die Anordnung der Gegenstände im Raum über den Zeitlauf hinweg richtig darstellt, dann hat sie alles richtig dargestellt, was jemals experimentell überprüft werden kann.

Zwei Theorien, die sich in ihrem mathematischen Apparat unterscheiden, aber zu gleichen Aussagen in Bezug auf die raum-zeitliche Anordnung der Gegenstände kommen, könnte man durch keine empirischen Mittel (Experiment

---

2 Descartes, René (1902): Œuvres de Descartes. Tome 6. Publié par Charles Adam et Paul Tannery. Paris: Cerf.

und Beobachtung) voneinander unterscheiden.[3]

Der Standpunkt von nirgendwo ist allerdings nur eine regulative Idee – etwas, an dem sich die Naturwissenschaft orientiert, das sie aber nie vollumfänglich erreichen kann. Strikte genommen ist die Idee eines solchen Standpunktes in sich widersprüchlich: So etwas wäre kein Standpunkt mehr und damit auch keine wissenschaftliche Theorie, die in einer Sprache mit Semantik und Pragmatik formuliert ist.

Folglich impliziert das Ziel der Objektivität den Skeptizismus als Methode. Weil kein Wissenschaftler sich vollständig von seiner subjektiven Perspektive einschließlich des sozialen Kontextes, in dem die Theorien und Hypothesen formuliert werden, lösen kann, ist es so wichtig, jede Behauptung einer kritischen Prüfung zu unterziehen. Dabei geht es nicht darum, Belege zu sammeln, welche die Behauptung stützen, sondern zu versuchen, etwas zu finden, das die Behauptung als falsch erweist. Insofern dieses nicht gelingt, gilt die entsprechende Behauptung als – vorläufig – bestätigt. [4]

Hierzu passt, dass der Soziologe Robert Merton (1942) die institutionalisierte Wissenschaft des 20. Jahrhunderts als organisierten Skeptizismus charakterisiert. Das bedeutet: Wissenschaft ist durch ein Ziel gekennzeichnet – Objektivität – und eine Methode, um dieses Ziel zu erreichen – disziplinierte Skepsis –, aber nicht durch bestimmte Resultate. Wenn man von dem wissenschaftlichen Welt- oder Naturbild spricht, dann meint man damit die objektive, methodische Beschreibung der Welt im Unterschied zu einer phänomenologischen Beschreibung, die von den Sinnesqualitäten ausgeht. Damit sind aber nicht inhaltlich bestimmte Resultate oder Theorien gemeint. Diese sind immer nur vorläufig.

3 Esfeld, Michael (2019): Wissenschaft und Freiheit. Das naturwissenschaftliche Weltbild und der Status von Personen. Berlin: Suhrkamp.
4 Popper, Karl (1935): Logik der Forschung. Wien: Springer.

Objektivität als Ziel der Wissenschaft impliziert auch, dass die neuzeitliche Naturwissenschaft in allem Subjektiven an eine prinzipielle Grenze stößt. Wenn der wissenschaftliche Standpunkt darin besteht, von allen subjektiven Elementen abzusehen und einen Standpunkt von nirgendwo anzustreben, dann hat das zur Konsequenz, dass man mit diesem Standpunkt die subjektiven Elemente nicht erfassen kann. Diese bestehen in einer subjektiven Perspektive auf die Welt, zunächst mit der sinnlichen Erfahrung und dann mit dem Bilden von Gedanken und Handlungsabsichten.

Daraus folgt: Die neuzeitliche Wissenschaft im Sinne von „science" kann das menschliche Denken und Handeln prinzipiell nicht erfassen. Sie beruht auf Voraussetzungen im menschlichen Denken und Handeln, die sie selbst nicht einholen kann. Descartes unterscheidet daher den menschlichen Geist als res cogitans von der wissenschaftlich erkennbaren Natur als res extensa. Ob der Geist eine eigenständige Substanz (res) ist, ist allerdings fraglich. Descartes' Grundgedanke, dass die neuzeitliche Naturwissenschaft den menschlichen Geist prinzipiell nicht erfassen kann, ist trotz aller Fortschritte der Naturwissenschaft aber immer noch vollkommen richtig.

Szientismus: die Revolution gegen Wissenschaft aus der Wissenschaft.

Erfolg verleitet zu Hybris. Die neuzeitliche Naturwissenschaft ist sehr erfolgreich darin, uns zu Herren und Besitzern der Natur zu machen. Die Hybris, zu der dieser Erfolg verleitet, besteht darin, die Grenzen der Naturwissenschaft zu überschreiten und die neuzeitliche Wissenschaft als unbegrenzt anzusehen. Insbesondere soll die Naturwissenschaft auch den menschlichen Geist, das Denken und Handeln, erfassen können. Aus Wissenschaft (science) wird dann Wissenschafts-Gläubigkeit, Szientismus.

Friedrich von Hayek (1952) nennt den Szientismus die Gegenrevolution der Wissenschaft und spricht vom Missbrauch der Vernunft. Diese Charakterisierung ist in der Tat zutreffend. Denn indem der Szientismus die Naturwissenschaft als unbegrenzt in ihren Erkenntnisansprüchen ansieht, überschreitet er auch die Grenze zwischen Tatsachen und Normen. Aus dem Szientismus wird dann politischer Szientismus, nämlich die Idee, die technische Ingenieurskunst als „soziale Ingenieurskunst" auf die Gesellschaft zu übertragen und die Gesellschaft einschließlich der Lebensbahnen der Menschen zentral technokratisch zu steuern.

Im Falle der technischen Ingenieurskunst wird das Ziel von Außen vorgegeben. Wir haben zum Beispiel den Wunsch, Interkontinentalreisen zu unternehmen. Gegeben dieses Ziel kann technische Ingenieurskunst auf der Grundlage der Naturwissenschaft die Mittel benennen, um dieses Ziel zu erreichen, nämlich sagen, wie man Flugzeuge bauen muss, um schnell zu anderen Kontinenten zu gelangen. Aus der Wissenschaft selbst folgt jedoch kein Ziel und kein Wert. Die Quantenmechanik zum Beispiel informiert uns über den Aufbau und den Zerfall von Atomen. Sie ermöglicht es, Kernenergie für die Energieerzeugung (Kernkraftwerke) ebenso wie für militärische Zwecke (Atombomben) einzusetzen. Aber aus der Quantenmechanik folgt nichts in Bezug darauf, ob wir Kernenergie entsprechend nutzen sollen. Das ist keine wissenschaftliche Frage, sondern eine politische.

Der Slogan „Follow the science" – der Wissenschaft folgen – ist daher Unsinn. Dieses ist der Slogan des politischen Szientismus. Dieser ist deshalb die Gegen-Revolution zur Wissenschaft, weil er aus der Wissenschaft eine Religion – genauer gesagt einen Aberglauben – macht. Er überschreitet damit nicht nur die Grenze der neuzeitlichen Naturwissenschaft im menschlichen Subjekt, sondern hebelt auch die beiden anderen Merkmale von Wissenschaft aus: Objektivität und methodischer Skeptizismus. Objektivität impliziert Neutralität in Bezug auf Ziele und Werte. Ihre politische Neutralität ist auch die Grundlage für die öffentliche Finanzierung von Wissenschaft. Wenn Wissenschaft diese Neutralität aufgibt, sägt sie an dem Ast, auf dem sie sitzt. Etwas, dem man folgen soll, kann man auch nicht der Methode des Skeptizismus unterwerfen und es kritischer Nachprüfung mit dem Versuch, es als falsch zu erweisen, unterziehen. Um die Wissenschaft als etwas darzustellen, dem man folgen soll, muss man einen wissenschaftlichen Konsens inszenieren und mit entsprechendem Druck durchsetzen, also kritische Stimmen diffamieren, angebliche Experten, die pseudo-wissenschaftliche Handlungsanweisungen geben, in den Medien auftreten lassen usw. – kurz, mit den modernen technischen Mitteln etwas der Gesellschaft auferlegen, das seiner Struktur nach der vormodernen, unheiligen Allianz aus Staatsreligion und autoritärer politischer Macht entspricht. Das ist die Gegen-Revolution nicht nur zur neuzeitlichen Wissenschaft, sondern auch zum Rechtsstaat, deren Zeugen und Opfer wir sind (siehe dazu ausführlich Esfeld 2023).

Quellen:
Descartes, René (1902): *Œuvres de Descartes. Tome 6. Publié par Charles Adam et Paul Tannery.* Paris: Cerf.
Esfeld, Michael (2019): *Wissenschaft und Freiheit. Das naturwissenschaftliche Weltbild und der Status von Personen.* Berlin: Suhrkamp.
Esfeld, Michael (2023): *Land ohne Mut. Eine Anleitung für die Rückkehr zu Wissenschaft und Rechtsordnung.* Berlin: Achgut.
Feynman, Richard P. (1955): „The value of science". *Engineering and Science* 19, S. 13-15.
Hayek, Friedrich August von (1952): *The counter-revolution of science. Studies on the abuse of reason.* Glencoe: Free Press. Deutsche Ausgabe *Mißbrauch und Verfall der Vernunft.* Tübingen: Mohr 2004.
Merton, Robert K. (1942): „Science and technology in a democratic order". *Journal of Legal and Political Sociology* 1, S. 115-126.
Popper, Karl (1935): *Logik der Forschung.* Wien: Springer.
Putnam, Hilary (1975): „What is mathematical truth?" In Hilary Putnam: *Mathematics, matter and method. Philosophical papers. Volume 1.* Cambridge: Cambridge University Press. S. 60-78.

BIOGRAPHIE

Prof. Dr. Michael Esfeld, geboren 1966 in West-Berlin, ist seit 2002 Professor für Wissenschaftsphilosophie an der Universität Lausanne. Seit 2010 ist er Mitglied der Leopoldina, der deutschen nationalen Akademie der Wissenschaften. 2013 erhielt er den Forschungspreis der Alexander-von-Humboldt-Stiftung. Seine Hauptarbeitsgebiete sind die Philosophie der Physik, die Philosophie des Geistes und insbesondere das Verhältnis zwischen Natur- und Geisteswissenschaften. Er hat immer für den wissenschaftlichen Realismus in Bezug auf die Naturwissenschaften, aber gegen Szientismus und dessen politischen Gebrauch argumentiert.

Integrale Umweltheilung mit der original Wetterarbeit nach Wilhelm Reich

von Barbara und Erich Graf

Zusammenfassung:

In diesem Vortrag stellen wir Wilhelm Reich, den österreichischen Arzt, Psychoanalytiker und Soziologen als Forscher der Mikrobiologie und Lebensenergie vor. Wir verweisen auf die wichtigsten Schriften aus seinem umfangreichen, bis heute hochaktuellen Werk. Wir führen Begriffe ein, die Reich speziell für das Forschungsgebiet der Charakteranalyse, der Krebsforschung und der Körperpsychotherapie entwickelt hat, welche in der Wetterarbeit analog verwendet werden.

Wir erklären Phänomene, die die Wüstenbildung verursachen, und zeigen, wie wir den „Himmel lesen und interpretieren", um die Wetterarbeit naturrichtig einzusetzen. Zum Schluss zeigen wir auf, wie Integrale Umweltheilung durch verschiedene, in unseren Alltag eingebettete Lösungen, geschehen und für zukünftige Generationen wirken kann.[1]

Integrale Umweltheilung mit der original Wetterarbeit nach Wilhelm Reich

Wilhelm Reich: Die Entwicklung hin zur aufsehenerregenden ORGON-Therapie

1897 wird Wilhelm Reich in Österreich-Ungarn geboren. In Wien promoviert er 1922 in Medizin, wird Mitglied der Wiener Psychoanalytischen Vereinigung und arbeitet eng

---

1 Barbara u. Erich Graf: Wetterarbeit nach Wilhelm Reich, Die Akademie der Denker, *https://youtu.be/7kDva5fQdV0?si=vu_cU8-oNHFd1rhk*

mit Sigmund Freud zusammen. Angesichts der tiefsitzenden Neurosen der Menschen erkennt Reich schon bald die Grenzen der gesprächsorientierten Psychoanalyse. Er entwickelt die Methoden der Charakteranalyse und der Körperpsychotherapie.[2]

Alexander Lowens Bioenergetische Analyse, John Pierrakos Core-Energetik, Ida Rolfs Rolfing und viele andere auf Selbstheilung durch Lösung von Blockaden abzielende Behandlungsmethoden und Atemtechniken basieren auf der zukunftsweisenden Arbeit des jungen Wilhelm Reich. In Berlin eröffnet Reich Beratungsstellen für Gesundheitsvorsorge, Ernährung und Empfängnisverhütung. Sein Engagement wird von der extrem armen Arbeiterschaft gerne angenommen. Im Sommer 1933 wird Reich aus der Deutschen Psychoanalytischen Gesellschaft ausgeschlossen.

Nach Hitlers Machtergreifung flieht er aus Berlin nach Oslo. Dort erscheint das Buch „Massenpsychologie des Faschismus", eine tiefgründige Untersuchung des gesamt-gesellschaftlichen Nährbodens, welcher diesem Kult den Weg bereitete.[3]

Für Wilhelm Reich wird die Frage immer drängender, ob es nicht irgendwo auf der Welt friedvolle, lebenszentrierte und egalitäre Gesellschaften gibt, in denen eine freie Entfaltung der Menschen möglich ist, ohne immer wieder in Destruktivität zu verfallen.

Er stößt auf die ethnologischen Forschungen von Bronislaw Malinowski[4], der die Trobriander, eine noch matriarchale Gesellschaft mit freier Entwicklung der Kinder und Jugendlichen beschreibt. Es ist eine Südseekultur, die bis

2 Wilhelm Reich: Charakteranalyse, Kiepenheuer & Witsch
3 Wilhelm Reich: Massenpsychologie des Faschismus, Kiepenheuer & Witsch
4 Bronislaw Malinowski: Das sexuelle Leben von Wilden, Edition Contra-Bass

Ende des 19. Jahrhunderts von modernen Zivilisationen unberührt war. Für Reich verfestigt sich die Erkenntnis, dass es vor dem Einbruch von Gewalt und Zwangsmoral vor 5-6000 Jahren auf allen Kontinenten matriarchale egalitäre Kulturen gab und dass sich die gegenwärtigen patriarchalen „Leitkulturen" durch Eroberung, Krieg und Ausbeutung über den ganzen Globus ausgebreitet haben, was mit einer massiven Verarmung der Biodiversität und einer Verwüstung der Landschaft einherging.

1937 begann Reichs lebenslange Freundschaft mit Alexander S. Neill, dem bekannten englischen Reformpädagogen, der schon Ende der 20er Jahre die Schule Summerhill gegründet hatte. Reich und Neill waren sich darin einig: die Schule soll sich an die Kinder anpassen, anstatt diese zu zwingen, das zu tun, was die Eltern, die Lehrer und der Staat für das Beste halten. Summerhill steht für Selbstregulation, Eigeninitiative und Freude am gemeinsamen Lernen. Hier finden Kinder ein (angst-)freies Umfeld, in dem sie ihre Kreativität, ihre Begabungen und ihre innere Berufung entdecken und voller Enthusiasmus ausleben. So bleiben die Kinder mit ihrem liebevollen Kern verbunden und sind damit auch als Erwachsene frei von Neurosen und Psychosen.

1939 muss Wilhelm Reich Europa verlassen. Er emigriert in die USA, wo er einen Lehrauftrag an der New School for Social Research in New York erhält.

Ein Jahr zuvor führten mikrobiologische Forschungen Reich zur Entdeckung der Bione, bläschenartige Gebilde mit einer wesenseigenen Energie, die er ORGON nannte. Es handelt sich um eine bis dahin in der Physik unbekannte biologische Energie mit einem bläulich leuchtenden Feld, das die Grenzen der Materie nicht kennt. Das bedeutet, dass es keine scharfe Trennung zwischen lebender und nicht-lebender

Substanz gibt.[5] Diese Energie ist auch als Chi, Prana, Äther, Raumenergie oder Morphogenetisches Feld bekannt.

Wilhelm Reich erkannte bereits in der ersten Hälfte des 20. Jahrhunderts den Zusammenhang zwischen ORGON und Antigravitation.[6] Er war überzeugt, dass damit technische Energie gewonnen oder als Antrieb für die interstellare Raumfahrt genutzt werden könnte. Auch seine Zeitgenossen Viktor Schauberger und Nikola Tesla postulierten die Existenz einer Raumenergie. Die moderne Quantenfeldtheorie geht von einer „Dunklen Energie" aus, die bis zu 70 Prozent des Universums ausmachen soll und jene „leuchtende" Kraft sei, die der Gravitation entgegenwirke und die dynamische Entwicklung des Alls bestimme.[7]

Reich erkennt, dass ein Trauma bzw. die Unterdrückung von Freude, Begeisterung und Lust die fließende ORGON-Energie, die jedem Lebewesen innewohnt, in Übererregung oder Erstarrung spaltet. Es entstehen Blockaden in Körper, Seele und Geist, die Krankheiten verursachen.[8] 1940 entwickelt er die aufsehenerregende Orgon-Therapie:

Mit bio-energetischer Atem- und Körpertherapie sowie ORGON-Akkupunktur werden Blockaden sanft gelöst. Dann werden Körper, Seele und Geist im ORGON-Akkumulator mit gesunder Lebensenergie „geflutet", sodass die Selbstheilungskräfte wieder aktiviert werden und Genesung geschehen kann.[9]

5 Bernd Senf: Die Wiederentdeckung des Lebendigen, Omega Verlag
6 Wilhelm Reich: Contact With Space, CORE Pilot Press 1957
7 Alexander Tkatchenko: *https://science.lu/de/ein-interview-mit-prof-alexandre-tkatchenko/ raetselhaftes-universum-ein-neuer-ansatz-um-dunkle-energie-zu-verstehen*
8 Aus der Übererregung entstehen Symptome wie Leukämie, aus der Erstarrung Krebskrankheiten.
9 Aus der Übererregung entstehen Symptome wie Leukämie, aus der Erstarrung Krebskrankheiten.

Wetterarbeit nach Wilhelm Reich und Integrale Umweltheilung[10]

1950 beobachtet Reich die strukturellen Veränderungen, die Erstarrung des Himmels, im Zusammenhang mit den Atombombentests der USA. Bauern wenden sich verzweifelt an ihn, weil die Ernten vertrocknen.

Er sucht Wege, um der rapiden zunehmenden Verwüstung in seinem Umfeld entgegenzuwirken. Er weiß, wie Menschen erkranken und genesen und überträgt dieses Wissen auf die Erde. Er geht davon aus, dass auch die Erde als lebendiger Organismus von einem ORGON-Feld umhüllt und durchdrungen ist.

Es erscheint als pulsierendes, wirbelndes, hochvitales Leuchten. Vor dunklem Hintergrund ist das ORGON-Feld als strahlendes helles bis dunkles Blau zu erkennen (z.B. Himmel vor dem Weltall). Ein Atombombentest ist ein schweres Trauma für die Lebensenergie der Erde.[11]

Sie spaltet sich in Übererregung, ORANUR und Erstarrung, DOR. Es entstehen Blockaden, die die Wolkenbildung verhindern. Wird die Blockade chronisch, kann die Lebensenergie nicht mehr frei fließen, der Regen bleibt aus und die Erdoberfläche verwüstet.

Reich entwickelt 1952 den Cloudbuster, ein Himmelsakkupunkturgerät für die bio-energetische Wetterarbeit.

In seinem Labor experimentiert er selbst mit kleinsten Mengen an radioaktivem Material und weist den schädlichen Einfluss der Radioaktivität auf die ORGON-Energie nach. Auf Antrag der FDA und der Atomenergiebehörde ordnet ein US-Bundesgericht 1954 die Vernichtung aller OR-

---

10 Der Fachbegriff „Integrale Umweltheilung" wurde geprägt von Prof. Dr. Bernd Senf: *http://www.berndsenf.de*
11 Atombombenexplosionen von 1945 bis 1998 visualisiert: *https://youtu.be/kOu7GtGgRxw?si=9kTumW7NhKUJkZYi*

GON-Geräte und ORGON-Publikationen an.[12]

Dennoch starten Reich und sein Team erfolgreich Einsätze zur Wüstenbegrünung mit mehreren Himmelsakkupunkturgeräten in Arizona.[13]

Wir leben auf La Palma, am Rande der Sahara. Reich hat bereits ein Konzept für die Lösung der Blockaden am Rande dieser Wüste erarbeitet. Die Traumata, welche Regenblockaden verursachen, sind mannigfaltig: Das Töten riesiger Tierherden, das Abholzen von Küstenwäldern, Kriege, Flussbegradigungen, Brandrodungen, Monokulturen, Umweltgifte, Hochfrequenzstrahlung, Uranminen, Atombombentests oder Nuklearunfälle. Die energetischen Erstarrungen sind auf den Satellitenbildern klar zu erkennen.

Naturrichtig wäre es, dass Regen bringende Tiefdruckgebiete vom Amazonasgebiet über die Sahara bis nach Griechenland und weiterziehen könnten. Solche Tiefdruckgebiete betrachten wir als ORGON-Wirbel, also eine Großwetterlage, die nur noch selten über Nordafrika zieht und dort abregnet. Die Selbstheilungskräfte dieses Erdteils sind verloren gegangen. Reich spricht in diesem Zusammenhang auch von einem großräumigen „atmosphärischen Fieber", das heranziehende Wolkenmassen schwächt oder gar verschwinden lässt.

Am Beispiel konkreter Wetterarbeit-Aktionen zeigen wir, wie mit dem Reichschen Cloudbuster atmosphärische Blockaden behutsam gelöst und der Himmel mit frischer ORGON-Energie versorgt werden kann. Die Landschaft braucht aber zur vollen Genesung immer noch unsere Unterstüt-

---

12 Auf Betreiben der FDA wird Wilhelm Reich 1956 zu zwei Jahren Gefängnis verurteilt. FDA-Beamte lassen die ORGON-Geräte zerstören und mehrere Tonnen Bücher verbrennen. Wilhelm Reich stirbt 1957 in einem US-Bundesgefängnis. Eine Autopsie wurde von den Behörden nicht zugelassen. Seiner Tochter, der Kinderärztin Eva Reich, gelingt es, einen großen Teil von Wilhelm Reichs Werk zu retten.
13 Wilhelm Reich: Orop Wüste - Raumschiffe, DOR und Dürre, Verlag Zweitausendeins

zung: Wir sprechen von Integraler Umweltheilung, wenn wir bewusst eine hohe Biodiversität von Flora und Fauna fördern, Erosion verhindern, aktiv Mutterboden aufbauen, Waldgärten und Feuchtgebiete anlegen. Die so geschaffenen Ökosysteme weisen eine hohe Resilienz auf, die den verwüsteten Erdteilen ihre natureigene Vitalität und Selbstregulierungskraft zurückgeben. Regelmäßiger Niederschlag ist sicher, der Regen findet ein Heim und Quellen sprudeln.

Die Integration der Menschen geht Hand in Hand mit der Heilung der Landschaft hin zu einer gesunden, fruchtbaren, vital-pulsierenden und reichhaltigen Erde für alle Lebewesen. Seit Jahrtausenden gibt es verschiedene Methoden der „Wetterarbeit", die auf schamanischen Traditionen beruhen.

Die Baumriesen, die natürlichen Cloudbuster, wurden seit jeher als jene Lebewesen erkannt, die den Himmel beleben und die Quellen energetisieren. Deshalb sind Bäume in allen friedvollen Kulturen heilig. Ein deutlicher Ausdruck von gelebter Integraler Umweltheilung ist, dass die Genesungsprozesse schon nach wenigen Jahren in unserem Umfeld konkret wahrnehmbar sind in Form von Kühlung durch Schatten, angenehmer Atemluft, Windschutz, Feuerschutz und klarem Himmel: Freifließende Lebensenergie am Boden belebt freifließende Lebensenergie in der Atmosphäre und umgekehrt.

.

> *„Liebe, Arbeit und Wissen sind die Quellen*
> *unseres Lebens. Sie sollten es auch bestimmen."*
> - Wilhelm Reich

BIOGRAPHIE

Barbara Elisabeth Graf, geboren 1968, Eidg. Dipl. Pädagogin, St. Gallen / Eidg. Dipl. Architektin EPF Lausanne, UDK-TU Berlin, ETH Zürich / Professorin für Permakultur.

Erich Alfred Graf, geboren 1965, Eidg. Dipl. El. Ing. ETH Zürich / Dipl. Therapeut CORE Energetik Berlin / Professor für Permakultur.

Ab 2007 schaffen Barbara und Erich Graf gemeinsam das Permakultur-System „AUTarcaMatricultura". 2012 gründen sie die „Autonome Akademie für Permakultur, La Palma". Ihre Forschungsthemen sind: „Der Aufbau und Erhalt von permakulturellen Systemen für unterschiedliche Lebensweisen und Klimazonen", „Der Wald-Wildnis-Garten als naturrichtige Vegetation, Wind-Überschwemmungs- und Feuerschutz", „die behandlungsfreie Bienenpflege", „100% Energieautarkie", „Wetterarbeit", „Heilwissen", „Patriarchatskritik", „Matriarchale Werte im Alltag", „Holistische Bildungs- und Öffentlichkeitsarbeit".

Website: www.matricultura.org
Telegram Kanal: https://t.me/PermacultureLaPalma

Chronische Entzündungserkrankungen - eine Epidemie des 21. Jahrhunderts

Ingfried Hobert

Zusammenfassung:

Seit etwa 40 Jahren explodieren chronisch entzündliche Erkrankungen weltweit, besonders aber in den industrialisierten Ländern. Sogenannte Zivilisationskrankheiten haben sich verdreifacht, verschiedene Krebserkrankungen haben sich vervierfacht.

Chronische Entzündungserkrankungen – eine Epidemie des 21. Jahrhunderts

Die Folgen dieser Erkrankungen verkürzen unsere potenzielle Lebenserwartung um bis zu zehn Jahre.

Folgende Krankheiten verkürzen unser Leben:

- Neurodegenerative Erkrankungen wie Alzheimer, Demenz, MS und Parkinson
- Kardiovaskuläre Erkrankungen wie Herzinfarkt, Arteriosklerose und Schlaganfall
- Stoffwechselerkrankungen wie Diabetes
- Autoimmunerkrankungen wie Morbus Crohn, Colitis Ulcerosa und Hashimoto
- Krebserkrankungen
- Erkrankungen des rheumatischen Formenkreises

Wo sind die Ursachen

Die Ursachen liegen in einer gestörten Immuntoleranz, die auf einen unnatürlichen Lebensstil in einer immer unnatürlicher werdenden Umgebung zurückzuführen ist.

Verschiedenste Triggerfaktoren bedingen eine chronische Immunaktivierung, deren Folgen eine gestörte Immuntoleranz, nitrosativer und oxidativer Stress sowie chronische Entzündungen sind. Die gestörte Immuntoleranz kann ihrerseits Folgen haben und zu Allergien, Autoimmunerkrankungen und chronischen Entzündungen führen.

Die häufigsten Faktoren eines messbaren Entzündungsdruckes:

• Adrenalindominanz durch Stress, negative Gedanken und
• ungünstige Lebenseinstellung
  Ungünstige Ernährungsgewohnheiten
  (48 % aller angebotenen Nahrungsmittel haben eine mess-
• bar proentzündliche Wirkung)
  Bewusste Einnahme von Giftstoffen wie Alkohol, Nikotin,
• raffinierten Zucker und Transfettsäuren
  Zusätzliche Konfrontation mit Giften wie Chemikalien, Nahrungszusatzstoffe, Weichmacher, Pestizide, Biozide,
• Lösungsmittel, Schwermetalle und Kunststoffe
  Umweltbelastungen wie Feinstaub, Lärm, Licht und elekt-
• romagnetische Strahlung
• Parasiten, Bakterien und Viren
  Nebenwirkungen von Medikamenten, ärztliche Übermedi-
• kation und Ignoranz gegenüber Wechselwirkungen
  Unzureichende Vagusregeneration (Dirigent der Selbstreorganisation) durch Schlaf, Bewegung, Regenerations- oder Entspannungstechniken

Betrachten wir Ursachen für chronische Krankheiten einmal aus ethnomedizinischer bzw. in diesem Fall aus Sicht der traditionellen tibetischen Medizin, so zeigt sich ein ganzheitliches Bild, das psychosomatische und unorthodoxe Ursachen mit einbezieht:

Krankheitsursachen aus der Sicht der tibetischen Medizin
Es wird zwischen inneren und äußeren Faktoren, die Krankheit auslösen, unterschieden[1].

Innere Faktoren
- Verlangen, Gier (Mangeldenken), zu viel und Trennendes = lebenseinschränkendes Denken
- Emotionen: Wut (Hass, Neid, Eifersucht), Freude (zu wenig), Sorgen, Trauer, Angst
- „Unwissenheit" (Verblendung, Ignoranz), Nichtwahrnehmung oder
- Nichtachtung körperlicher, psychischer und spiritueller Grundbedürfnisse, Ignoranz, Trägheit
- falsches (ungünstiges) Verhalten
- die Lebenszyklen und das Alter
- persönlich ererbte Konstitution und das angeborene Struktivpotential
- Karma (Missbildungen, „genetische" Defekte etc.)
- Störung im Familiensystem (auch transgenerationale Weitergabe)

Äußere Faktoren
- Falsche Nahrungsmittel
- Gifte aus Umwelt und Nahrung
- Jahreszeiten und Klima (Wind, Hitze, Kälte, Feuchtigkeit, Trockenheit)
- biologische Faktoren (Bakterien etc.)
- Besessenheit durch „böse Geister" (z.B. Psychosen, Neurosen)
- kosmische (auch astrologische) Einflüsse, Zeitqualität

Typische Symptome

Oft stellen sich Erschöpfung, Schwäche und allgemeine Müdigkeit als Hauptsymptom ein. Aber auch Schlafstörungen, Ruhelosigkeit und Anspannung häufig mit Schwindel und Kopfschmerzen gehen ebenfalls häufig mit einer chronischen, unbemerkten Entzündung einher. Darm und Magen reagieren mit Verdauungsstörungen, Blähungen und Verstopfungen und sehr oft treten verstärkt Nahrungsmittelunverträglichkeiten auf. Oft sind Getreide (Gluten), Milch (Casein und Laktose) und Allergien auf verschiedene Ostsorten zu finden. Die geschwächte und aus der Balance gefallene Abwehrkraft hat wiederkehrende Infekte zur Folge und es entwickeln sich Funktionsstörungen an den unterschiedlichsten Organen.

Diagnostische Spurensuche

Um das Risiko einer bestehenden stillen Entzündung im Körper abzuschätzen bzw. ihren Verlauf zu beobachten, gibt es bestimmte Werte, die im Blut bestimmt werden können:

• hsCRP als Marker für Silent Inflammation
• TNF α (Entzündung im Immunsystem)
• BSG (Blutsenkungsgeschwindigkeit)
• ANA (Autoimmunproblematik)
• IgE (Allergien)
• Omega 3 Index, Transfettsäuren, Vitamin D
  (antientzündliches Potenzial des Körpers)
• Mikrobiomanlayse mit Calprotectin und $\alpha 1$ Antitrypsin

Therapie chronischer Entzündungskrankheiten
Ernährungsumstellung als Therapie und Prävention

Wichtig ist eine antientzündliche, vorwiegend vegetarische Ernährung mit viel Obst und Gemüse, die weitgehend zuckerfrei ist und kein Brot und keine Milch enthält, dafür aber viel Omega-3 in Form von Algenöl und Fisch aus Wildfang. Weniger entzündungsfördernde Lebensmittel essen.
Wie zum Beispiel:

• Alkohol
• Industrielle Speiseöle (enthalten einen hohen Anteil an Omega-6-Fettsäuren)
• Transfette (in Frittiertem, Backwaren, Panaden, vielen Saucen, Müsliriegeln).
• Verarbeitete Lebensmittel und Fertigprodukte
• (Glutenhaltiges) Getreide, Soja, Mais
• Raffinierter Zucker und Fruktose
• Verarbeitetes Fleisch (Wurst), Fleisch von Tieren, die mit Soja, Mais oder anderem Omega-6-Mastfutter gefüttert wurden
• Nahrungsmittel, auf die man mit Unverträglichkeiten oder allergisch reagiert
• Milchprodukte

Dafür eher entzündungshemmende Lebensmittel auf den Speiseplan bringen:

• Algen wie AFA, Chlorella, Knotentang und Spirulina sowie Algenöl
• Fettreiche Kaltwasserfische aus Wildfang
• Gewürze wie Ingwer, Kurkuma, Zwiebelgewächse, Knob-

lauch, Mangold, Lauch, Fenchel, Nelken, Rosmarin, Thymian, Pfeffer, Chili, Oregano, Petersilie, Brennnessel
- Obst Rote Beeren (hoher Gehalt an Polyphenolen, Flavonoiden , Antioxidantien)
- Enzymfrüchte (Papaya, Ananas, Guave, Feige)
- Grünes Gemüse
- Wurzeln: Astragalus, Ginseng, Maca, Ashwangandha, Taigawurzel, Yamswurzel

Antientzündliche Lebensführung
- die konsequente Ausschaltung von Giften und entzündungsfördernden Faktoren (Nikotin, unverträgliche Nahrungsmittel etc.)
- eine sorgfältige Mundhygiene, da sich von der Mundhöhle Entzündungen ausbreiten können
- täglich 20 Minuten Sport mit einem Puls von über 100
- mehr Stressreduzierung im Alltag und die Änderung der eigenen Lebensweise (weniger ist mehr)
- die Pflege der Darmflora durch regelmäßige probiotische Kuren mit Bifido- und Laktobazillen, außerdem ausreichend Ballaststoffe (Präbiotika), um Verdauung und Darmflora zu stärken.

Hochdosis Naturmedizin
Damit die Naturmedizinrezepturen ihre volle Wirkkraft entfalten können, wäre es optimal, wenn zuerst die zuvor genannten Maßnahmen in den Alltag integriert werden. Ein Verständnis der ganzheitlichen Prozesse rund um die Ursache der Symptome und das Erkennen der Botschaften des Körpers wären ein weiterer wichtiger Schritt. Stille Entzündungen lassen sich mit einer hochdosierten Heilkräuterrezeptur aus Curcuma (Curcumin), Ingwer (6-Shogaol),

Weihrauch (Boswellin), Myrrhe (Guggulu),Weidenrinde (Salicylate) und ähnlichen Wirkstoffen effektiv behandeln.

Zu Hilfe kommen dabei moderne Diagnoseverfahren wie der TNFα-Hemmtest, mitdem sich individuell bestimmen lässt, welche der oben genannten Heilkräuter den Entzündungsmarker TNFα am stärksten reduzieren. Die folgenden Naturheilkräuterrezepturen bilden Beispiele für eine Grundlage der Therapie und Vorbeugung von chronischen Entzündungserkrankungen ab.

Inflam-Komplex
- Wirkkomplex: unter anderem Tripterygium, Weihrauch, Curcuma, Schwarzkümmel
- Ziel: Entzündungseindämmung, Abschwellung und Mobilisierung entzündeter Gelenke, schmerzlösend
- Anwendung: schleichende Entzündungen, Hashimoto, Colitis ulcerosa, Morbus Crohn, Arthritis, Rheuma mit Schmerzen und Schwellungen an Hand- und Fußgelenken, morgendliche Gelenksteife insbesondere in den Handgelenken, Fibromyalgie

Omega 3 plus
- Wirkkomplex: Schizochytrium-Algen (DHA, EPA), Hanfsamenöl, Curcumin in öliger Form, Vitamin D, Vitamin E und Rosmarinextrakt
- Ziel: stabilisiert die Darmflora, bekämpft Entzündungen, fördert die Gehirnfunktion, unterstützt die Wahrnehmungsorgane, fördert die Sehkraft, schützt vor oxidativem Stress, stärkt das Immunsystem
- Anwendung: stille Entzündungen, Arteriosklerose, chronisch allergische Erkrankungen

Darmkraft

- Wirkkomplex: Laktobazillen und Bifidobakterien, Zink und Inulin
- Ziel: Aufbau einer gesunden Darmflora, Stabilisierung der Schleimhaut, Stärkung des Mikrobioms, Regulierung der Darmfunktion, Stärkung des Immunsystems, Harmonisierung des Tryptophanstoffwechsels
- Anwendung: Blähungen, Meteorismus, Colitis ulcerosa, Morbus Crohn, Divertikulose, chronische Durchfallerkrankungen, akuter Durchfall, Verstopfung, unterstützt die Darmsanierung und den Aufbau der Darmflora nach Antibiotika- oder Chemotherapie, bei Dysbiose und Fehlbesiedelung

Immunkraft

- Wirkkomplex: Schisandra, Camu-Camu
- Ziel: Erhöhung der Vitalität, Schutz vor Grippe, Stärkung des Immunsystems
- Anwendung: akute und chronische Infekte, Stärkung des Immunsystems, Vorbeugung vor viralen und bakteriellen Infektionen

Fazit

So lässt sich bei vielen Erkrankungen wie Rheuma, Krebs, Hashimoto oder Colitis ulcerosa individuell die richtige Heilpflanzenrezeptur finden, die dann wiederum als Infusion gegeben werden kann – und dies unter ständiger Kontrolle der Entzündungsmarker in Blut und Darm.

Keywords: chronische Erkrankungen, Phytotherapie, Ernährung, Lebensstil, Entzündungen

Literatur:
1Hobert I. Heilgeheimnisse aus Tibet

BIOGRAPHIE

Dr. med. Ingfried Hobert, geboren 1960, ist Arzt für Ganzheits- und Ethnomedizin in eigener Praxis. Hier verbindet er das Beste aus verschiedenen Welten miteinander: Schulmedizin, Naturheilkunde und traditionelles Heilwissen anderer Kulturen. Er ist Autor zahlreicher Gesundheitsratgeber und Bücher über traditionelle Heilverfahren. Er machte es zu seiner Lebensaufgabe, die jahrtausendealten Weisheiten der Heilkünste anderer Kulturen zu erforschen und auf ihre Anwendbarkeit im Westen zu prüfen. In einem eigens entwickelten ganzheitlichen Therapiekonzept wendet er dieses Wissen mit großer Leidenschaft in seiner Praxis an. Infos über die erwähnten Heilpflanzenrezepturen:

www.medicalparc.de

Quantenelektrodynamik in Theorie & Praxis

Marcus Reid

Theorie

Wir betrachten Energie als eine Funktion der Zeit.

Diesem Ansatz liegt nicht die Energie im beobachtbaren Sinne zugrunde, sondern die Zeit als eine nicht beobachtbare Form der Energie. Es liegt nahe, dass Kraft, Energie und Raum beobachtbare Interpretationen der Zeit sind.

Forschungsgegenstand

Unsere Forschung bezieht sich auf eine unkonventionelle Interpretation der Theorie der Quantenelektrodynamik (QED) und deren Anwendung auf konventionelle elektrische Systeme. Welche Rolle spielen virtuelle Teilchen und gebrochene Symmetrien in konventionellen Schaltkreisen und Arbeitsprozessen?

Wenn wir die Perspektive der virtuellen Teilchen einnehmen, können wir konventionelle elektrische Systeme von Anfang an als offene Quantensysteme betrachten. Wenn das der Fall ist, können wir fragen, warum sich herkömmliche elektrische Systeme wie geschlossene Quantensysteme verhalten? Der Grund dafür ist ein selbstsymmetrisches (sich selbst ausgleichendes) Verhalten, das in allen konventionellen Energieumwandlungsprozessen existiert.

Dieses selbstsymmetrische Verhalten ist der Grund für die Erhaltung der beobachtbaren Energien. Darauf aufbauend haben wir das Konzept der „asymmetrischen elektrischen Systeme" entwickelt. Diese Systeme sind nicht nur quantenoffene Systeme, sondern sie verhalten sich auch wie quantenoffene Systeme.

Elektromagnetismus neu gedacht

Wir gehen davon aus, dass der Austausch zwischen einem virtuellen Teilchen und einem beobachtbaren Teilchen den Fluss der Zeit auf diesem beobachtbaren Teilchen erzeugt. Mit diesem Ansatz kann die Erzeugung von Kräften und Energien als Funktion der Zeit beschrieben werden.

Diesen Ideen folgend könnten Systeme entwickelt werden, die das Potenzial im Quantenvakuum auf asymmetrische (nicht ausgeglichene) Weise integrieren und so den Zeitfluss in eine beobachtbare Energieform umwandeln; dauerhaft und emissionsfrei.

Wir unternehmen den Versuch, die Begriffe „Kraft", „Energie", „Zeitdilatation" und „Trägheit" anhand des Phänomens der Zeit neu zu definieren.

Die Idee „Virtuelle Teilchen im Elektromagnetismus" erklärt, welche Rolle die Energie in der scheinbar leeren Raumzeit in gängigen elektromagnetischen Systemen spielt. Außerdem wird beschrieben, wie man einen Überschuss an Energie aus der Raumzeit gewinnen und in eine nutzbare Form umwandeln kann.

Wir führen so den Weg der Theoretischen Physik weiter, indem wir ausgehend vom Ansatz der klassischen Mechanik die Quantenmechanik konsequent zu einem zeitbasierten Ansatz weiterentwickeln. An der Stelle verweisen wir auf unsere Vorträge vom Mai 2023 an der Akademie der Denker zum Thema „Energy conversion process from an open system perspective", *siehe https://youtu.be/a0703EtKrdg und https://youtu.be/st4K8o-muQw.*

Eine entscheidende Rolle scheint dabei die „Quanten-Kritikalität" zu spielen. Ausgehend von den bekannten Besonderheiten des Wassers - wir alle kennen die Anomalie des Wassers aus dem Schulunterricht – gehen wir entschieden darüber hinaus, um beispielsweise auch die Phänomene Quantenfluktuation in Bezug auf die menschliche Emotion und das Bewusstsein zu verstehen.

Letztendlich geht es um die zentrale Frage: „Liegt im quantenkritischen Punkt das Geheimnis des Lebens?",

siehe Vortrag im Juli 2023 an der Akademie der Denker: *https://youtu.be/6CcrWnfKHIU.*

Die „Reid-Cell"

Die erste „Reid-Cell" bringt seit 1998, also bereits seit über einem Vierteljahrhundert, eine LED zum Leuchten, ohne zusätzliche Energie und ohne Emission. Es ist uns also damals gelungen, ein Energieumwandlungsgerät der ersten Generation herzustellen.

Seither lässt uns das Thema nicht mehr los. War es nur Zufall? Wie kann das reproduziert und skaliert werden? Welches Potenzial entsteht und wo sind die Grenzen des Möglichen? Wie genau funktioniert es und weshalb?

Mit unserem Team von Quantum Power Munich entwickelten wir Schritt für Schritt sowohl die Theorie weiter als auch konkrete Anwendungen. Wir gehen davon aus, dass Molekularschwingungen zu elektrischem Strom führen können. Mittlerweile verdichtet sich die seit Jahren bestehende Vermutung, dass ein Teil des erzeugten elektrischen Stroms neben elektrochemischen Effekten auch aus dem Quantenvakuum stammt, so unsere Hypothese.

Die Reid-Zellen bestehen aus einer polykristallinen Matrix, die eine bestimmte Menge Wasser enthält. Während des Herstellungsprozesses ist die Zugabe der richtigen Menge an Wasser entscheidend. Zu viel oder zu wenig Wasser verringert die Leistung erheblich, vor allem auf lange Sicht.

Der grundlegende Aufbau der Reid-Zelle ist mit einem

Kondensator verwandt. Zwischen zwei Elektroden befindet sich ein festes Silikat, das einen hohen Widerstand aufweist. Der Widerstand des polykristallinen Silikats ist, wenn man ihn mit einem herkömmlichen Messgerät misst, nicht messbar. Normalerweise bedeutet dies, dass der Widerstand über 50 MΩ liegt. Wenn man jedoch beginnt, den Widerstand auf dem Silikat mit zwei gleichen Metallpunktkontakten im Abstand von einigen Millimetern zu messen, kann der Widerstand bei einigen MΩ liegen. In den nächsten Sekunden steigt der Widerstand dann auf über 50 MΩ an. Manchmal verhält es sich so, als ob das Material seinen Widerstand ändert.

Die Reid-Zellen werden, wie zuvor dargestellt, höchstwahrscheinlich durch die quantenkritische Natur des Wassers angetrieben. Wir weisen an der Stelle darauf hin, dass der naturwissenschaftliche Beweis dessen, was chemisch-physikalisch wirklich passiert, bisher noch nicht erbracht ist. Es handelt sich um ein laufendes Forschungsprojekt.

Die Herausforderung bei den Messdaten ist, dass man sie im Gesamtzusammenhang sehen muss. Es hat Jahre der Forschung gekostet, bis wir die tieferen Ebenen sahen, wie die Messdaten interpretiert werden können. Heute ergibt das alles einen Sinn.

An der Akademie der Denker stellten wir im Wintersemester 2023/2024 den theoretischen Hintergrund vor. Im Wintersemester 2024/25 bauen wir darauf aufbauend gemeinsam mit allen Teilnehmern eine echte „Reid-Cell".

BIOGRAPHIE

Marcus Reid, geboren 1968, „Kraft, Energie und Raum sind lediglich beobachtbare Interpretationen der Zeit." postuliert Marcus Reid, der aus Südafrika stammende Forscher, nach dem die "Reid-Cell" benannt wurde. Reid wurde auf Grund seiner Forschungsarbeiten im Bereich des Quanten-Vakuums mittlerweile für den Japan-Preis nominiert. Bei Insidern gilt dieser als „Nobelpreis für Technik".

Universitäten - das Herz des neuen Wahrheitsregimes

Michael Meyen

Zusammenfassung

Die Freiheit von Forschung und Lehre ist im letzten Vierteljahrhundert systematisch ausgehöhlt worden – von den gleichen Akteuren, die die Leitmedien gekapert und so dafür gesorgt haben, dass Wissenschaft und Journalismus ganz ähnlich ticken und die Lieder der Macht singen.

Universitäten – das Herz des neuen Wahrheitsregimes

Bücher schreibe ich vor allem für mich selbst. Das mag merkwürdig klingen in einer Zeit, in der man überall Menschen mit Sendungsbewusstsein trifft – Menschen, die glauben, alles verstanden zu haben, und nun nach dem letzten Puzzleteil suchen. Herr Meyen, wird der Medienforscher dann gefragt, wie komme ich in die Köpfe der anderen? Was muss ich tun, um die Leute aufzuwecken? Sie wissen doch, wie die perfekte Botschaft aussehen muss!

Weiß ich nicht. Wenn ich das wüsste, dann wüsten es die anderen auch, und wir alle wären längst eingenordet. Bei der Arbeit an meinem neuen Buch habe ich Bescheidenheit gelernt. Ich kann mich über die Tagesschau aufregen, über diese Kampagne und über jenen Leitartikel. Ich kann mich an der Aufklärung beteiligen, in Apolut-Gesprächen oder hier in der Akademie der Denker. Das alles ist aber nicht mehr als ein Tropfen auf den heißen Stein, der seit einem Vierteljahrhundert befeuert wird von einem Machtblock, der durch die Brille der Politikwissenschaft wahlweise aus Staat und Konzernen[1] besteht oder aus Geheimdiensten, IT-Giganten

---

1 Sheldon Wolin: Umgekehrter Totalitarismus. Frankfurt am Main 2022

und Leitmedien.[2] Als ich diese Zeilen schreibe, startet gerade die Kampagne #Zusammenland. 500 Unternehmen und Verbände, große Blätter von der Zeit über die Süddeutsche bis zum Tagesspiegel, dazu der Werbegigant Ströer, der vor allem von Steuergeldern lebt und Portale wie T-Online oder Watson betreibt. Besser lässt sich die neue „Supermacht" gar nicht illustrieren, die Sheldon Wolin, der große, weise Mann der US-Politikwissenschaft, in seinem Alterswerk seziert hat – eine „Koalition zwischen den Unternehmen und dem Staat", die alle anderen Formen der Macht unterwandert oder unterworfen hat und die Menschen entweder über Abhängigkeit kontrolliert oder über Massenmanipulation. Sheldon Wolin sagt: „gelenkte Demokratie". Dass wir wählen können, sei das „Smiley-Gesicht des umgekehrten Totalitarismus" und nur damit zu erklären, dass der Vorgang gesteuert werden kann.[3]

Mein neues Buch sollte mich eigentlich wegführen vom Journalismus. Jeder Professor weiß: Wer die Universitäten beherrscht, bestimmt, wie wir leben. Die Universität ist das Nadelöhr, das jeder passieren muss, der irgendwann irgendwo etwas zu sagen haben will. Schuldirektoren und Lehrer, Staatsanwälte und Richter, Pfarrer, CEOs und Chefredakteure, Landräte, Theaterintendanten und Ärzte, Minister und Behördenleiter: Sie alle haben studiert. Selbst Oliver Kahn hat einen MBA im Bereich Management. Es gibt Ausnahmen, sogar an der Spitze einer Regierungspartei. Aber auch diese Frau nennt in ihrem Lebenslauf zwei Universitäten. Hier wird das Personal geformt, das später die Weichen für uns alle stellt. Man kann über Schule und Kitas schimpfen, über die Justiz und über die Kirche. Man kann fragen, was in der Kultur los ist, in der Politik und im Gesundheitswesen.

2 Kees van der Pijl: Dv ie belagerte Welt. Ratzert 2021
3 Sheldon Wolin: Umgekehrter Totalitarismus. Frankfurt am Main 2022: 56, 63f., 122, 221

Man kann den Kopf schütteln, wenn man Zeitung liest oder Bekanntmachungen der Ämter. Wer dem Übel auf den Grund gehen will, kommt an den Universitäten nicht vorbei. Hier wird das Fundament gelegt, auf dem alles andere wächst. Und dieses Fundament hat heute nichts mehr mit der Universität zu tun, an die sich frühere Studentengenerationen erinnern.

Ich hatte mir das schön zurechtgelegt und am 16. Mai 2023 gewissermaßen live gesehen, dass die Idee funktioniert. „Unterwerfung der Universitäten" hieß die Veranstaltung, zu der die Akademie der Denker und die Bewegung „Studenten stehen auf" an jenem Frühlingsdienstag in München eingeladen hatten. Im Publikum: Heike Egner und Anke Uhlenwinkel, zwei Kolleginnen, die mit einer Studie zur Entlassung von Professoren an einem Tabu kratzen.[4] In Kurzform: Auch an der Universität ist „Berufsmord" möglich. Die Angriffe zielen erstens in aller Regel auf die Person, obwohl es oft um Ressourcen geht. Die Betroffenen sagen zweitens fast durch die Bank, dass rechtsstaatliche Grundsätze mit Füßen getreten wurden. Und drittens: Inzwischen wird auch wegen „ideologischer Unbotmäßigkeit" gefeuert. Die Stichworte hier: Gendern, Migration, Corona. Die Moralisierung der akademischen Forschung ist, so lässt sich das deuten, der letzte Schritt auf dem Weg zur außengeleiteten Universität, der in den 1990er Jahren begonnen hat und auch deshalb so lange dauern musste, damit sich die Insassen daran gewöhnen können.

Nach dem Abend war mir klar: Das wird ein Buch. Ich nehme diese Studie und arbeite außerdem das ab, was sich aus dem Podiumsgespräch mit Max Ruppert ergeben hatte. Ich schreibe über Vorlesungen, die mit Multiple-Choice-

4 Heike Egner, Anke Uhlenwinkel: Entlassung und öffentliche Degradierung von Professorinnen. In: Beiträge zur Hochschulforschung 43. Jg. (2021), Nr. 1-2: 62-84

Klausuren enden und damit jedem jungen Menschen ganz unabhängig von allen Inhalten sagen: Nur eine Antwort ist richtig, und die Instanzen über dir kennen diese Antwort schon. Wo früher um den Weg zur Erkenntnis gerungen wurde und wissenschaftliche Wahrheit ein Synonym für den aktuellen Stand des Irrtums war, wird den jungen Menschen heute Alternativlosigkeit beigebracht – Dinge auswendig lernen, nachbeten und dabei die Termine einhalten. Das werde ich kombinieren mit den Fördertöpfen aus der Politik, die es nicht gab, als ich vor mehr als 20 Jahren angefangen habe, und die heute bestimmen, was meine Kollegen untersuchen und in welcher Sprache sie das tun, Gendern inklusive. Auch da gibt es kaum eine Wahl, weil das Gehalt der Professoren inzwischen von solchen Geldern abhängt und davon, wie viele Texte sie im Web of Science unterbringen, erfunden vom Medienkonzern Thomson Reuters, Basis für die weltweiten Rankings und 2016 in die Firma Clarivate Analytics überführt, eine Goldgrube für milliardenschwere Kapitalanleger. „Supermacht" und „gelenkte Demokratie", das war meine Idee, lassen sich nirgendwo besser sezieren als im Herzen des neuen Wahrheitsregimes.[5] Wissenschaft ist spätestens seit 9/11 die Religion der Gegenwart. Haben früher TV-Nachrichten, Bild und FAZ gereicht, um etwas durchzusetzen, brauche ich heute Priester mit Professorentitel, Studien, Akademien, Ethikräte, um all die zum Schweigen zu bringen, die nur einen Klick weiter das Gegenteil behaupten und oft Quellen auf ihrer Seite haben, die plausibler sind als die Titelstorys der Leitmedien.

Was ich gelernt habe: Das alte und das neue Wahrheitsregime unterscheiden sich nicht groß. Egal ob Redaktion oder Studierstube: Die Deutungshoheit lockt alle an, die tatsäch-

---

5 Michael Foucault: Die Regierung der Lebenden. Berlin 2014: 122

lich etwas durchsetzen können. Große Unternehmen, Stiftungen, die Politik und ihre Behörden.[6] Das Personal kommt aus den gleichen Milieus. Aufstiegsorientierte Mittelschichten, die schon ihr Ehrgeiz daran hindert, die zu kritisieren, die weiter oben sind und das geschafft haben, was man selbst erst noch erreichen will.[7] Zeit zum Nachdenken bleibt nicht, weil die Verträge befristet sind und genug Nachrücker bereitstehen. Hier freie Mitarbeiter, dort ein Heer von Bewerbern, die ein Stipendium wollen, eine Projektstelle oder gar die Krönung für den Akademikernachwuchs, sechs Jahre für Promotion oder Habilitation.

Die Unsicherheit wird ertragen, weil der Preis für den Erfolg mehr als lukrativ ist. Im Journalismus winken Ruhm, Nähe zur Macht sowie Einfluss auf den Lauf der Dinge und an den Universitäten Verbeamtung auf Lebenszeit und Autonomie, zumindest theoretisch. Wer sich für die Praxis interessiert, lese das Buch und lerne dabei auch, warum der Medienforscher nicht bei seinem Thema bleiben konnte.[8]

6 Christian Kreiß: Gekaufte Wissenschaft. Hamburg 2020
7 Marcus B. Klöckner: Sabotierte Wirklichkeit. Frankfurt am Main 2019
8 Michael Meyen: Wie ich meine Uni verlor. Berlin 2023

BIOGRAPHIE

Prof. Dr. Michael Meyen, geboren 1967, ist Medienforscher und Publizist. Stationen: 1988 bis 1992 Journalistikstudium in Leipzig. 1995 Promotion, 2001 Habilitation in Leipzig. Seit 2002 Professor für Allgemeine und Systematische Kommunikationswissenschaft an der Universität München. Sprecher der bayerischen Forschungsverbünde „Fit for Change" (Laufzeit: 2013 bis 2017) und „Zukunft der Demokratie (2018 bis 2022) sowie des BMBF-Forschungsverbundes „Das mediale Erbe der DDR" (2018 bis 2025). Mehr Infos: Das Erbe sind wir, Köln 2020 und Wie ich meine Uni verlor, Berlin 2023.

Die Macht der Sterne - Was macht Astrologie so gefährlich für die Mächtigen?

Heike Richter

Zusammenfassung

Erst wenn wir die Geschichte der Astrologie – und damit verbunden die wahre Geschichte der Menschheit – kennen, können wir verstehen, was für einen Beitrag die Astrologie leisten kann genau für unsere jetzige Zeit. Sie kann aufdecken, dass der uns suggerierte Fortschritt spätestens seit der Aufklärung und damit verbunden der 1. Industriellen Revolution ein Fortschreiten von uns selbst ist bis hin zur größtmöglichen Entfremdung: dem Transhumanismus. Dieses Wissen – die Macht der Sterne - kann uns zu einem Bewusstsein führen, dass wir Menschen zu einem entschiedenen Nein einer technisch-kontrollierten Zukunft kommen und dadurch zu einem klaren Ja zu dem, was uns Menschen ausmacht: unsere Natürlichkeit, unsere Menschlichkeit und Lebendigkeit, einschließlich eines geistig-spirituellen Bewusstseins. Dieses verborgene metaphysische Wissen scheint uns über Jahrtausende vorenthalten worden zu sein. Durch jenes Bewusstsein jedoch können wir uns selbstermächtigen, die Zukunft kreieren und die Opferrolle ad acta legen.

Die Macht der Sterne – Was macht Astrologie so gefährlich für die Mächtigen?

Einführung

Vielleicht weiß nicht jeder Leser, dass die Astrologie jenseits der Aufklärung über lange Zeit eine angesehene Wissenschaft gewesen ist. Es sei mir daher vergönnt, einen Blick sowohl auf gängige Vorurteile als auch auf die Geschichte der Astrologie zu werfen.

Ist die Astrologie ein Glaube?

Selbstverständlich nicht. Sie war bis zu Beginn der Neuzeit ein fester Bestandteil der Wissenschaft. Sie widersetzte sich lange dem mechanischen Weltbild. 1817 wurde der letzte astrologische Lehrstuhl von Prof. Julius Pfaff an der Universität Erlangen geschlossen. Durch das Infragestellen des mechanistischen Weltbildes und den Einfluss der Psychologischen Astrologie im 20. Jahrhundert konnte die Astrologie wieder an Einfluss gewinnen. Die Anerkennung als Wissenschaft und damit auch von Forschung und Lehre bleibt ihr jedoch bis heute verwehrt! Einige Astrologen dienen sich den Naturwissenschaften an, wie etwa die Psychologie es im letzten Jahrhundert getan hat; andere interessieren sich nicht für eine wissenschaftliche Verifizierung, da sie die Astrologie als Erfahrungswissenschaft verstehen.

Bestimmen die Sterne über uns?

Ganz bestimmt nicht. Seit Kepler gilt der geflügelte Satz in der Astrologie: *Die Sterne machen geneigt, aber sie bestimmen nicht.* Was bedeutet das? Für die Erläuterung bin ich so frei und bediene mich des physikalischen Begriffs der Frequenz. Astrologen können nicht hellsehen - und damit möchte ich diese Fähigkeiten, die über unsere dreidimensionale Wahrnehmung hinausgehen und damit wissenschaftlich noch(!) nicht verifizierbar sind, nicht diskreditieren. Es ist eher so, dass über die *Sprache der Astrologie* eine bestimmte Frequenz dem Astrologen sichtbar wird. Ein Mensch kann mit dieser gehen oder sich dagegen stellen. So kann ich, wenn ich weiß, dass es regnen wird, mich entsprechend kleiden, einen Schirm aufspannen und vergnügt durch Pfützen spazieren oder mich ärgern, weil ich ohne Schirm und Friesennerz klitschenass werde. Das Bewusstsein des Menschen ist also entscheidend. Daher: die Astrologie kann den Menschen zur Persönlichkeits- und Bewusstseinsentwicklung einladen. Die Macht der Sterne kann darin bestehen, den Menschen in die Selbstermächtigung zu führen nach dem Motto: Wir sind Riesen und keine Zwerge, wie uns seit langem wohl weisgemacht wird. Ist dies von den Mächtigen gewollt? Worin liegt die Macht von uns Menschen im Gegensatz zu unserem digitalen Abklatsch einer KI oder einer downgeloadeten Kopie unseres Gehirns in einen Atavar hinein?

Ein Blick in die Geschichte der Astrologie kann uns auf der Suche nach einer Antwort auf die Fährte setzen:

Die Krisen der Astrologie – Qui bono?

Die Entstehung der Astrologie reicht – so das geschichtliche Standardmodell – bis nach Mesopotamien, unserer sogenannten kulturellen Wiege, vor ca. 5.000 Jahren. Schon ab dem 8. Jahrhundert v. Chr. jedoch soll die Klassische Astrologie im antiken Griechenland begonnen haben. Aus den jahrhundertelangen Beobachtungsdaten entwickelten sich Berechnungstafeln für Sonne und Mond. Auch Sonnenfinsternisse konnte man bereits voraussagen. Dann kamen die Bahnen der Planeten Mars, Merkur, Jupiter, Venus und Saturn dazu. Hierzu erfanden die Babylonier den Tierkreis mit seinen 360 Graden als Koordinatensystem. Etwa 600 v. Chr. teilten sie diesen in zwölf große Abschnitte. Somit waren die wichtigsten Grundlagen der Astrologie gelegt.

Die erste Krise der Astrologie erfolgte im römischen Kaiserreich. Das Christentum gewann an Bedeutung und der

Astrologie wurde zunehmend der Bereich der Scharlatanerie zugewiesen. Seit dem 7. Jahrhundert wurde sie vollständig verdrängt und in den persischen, mesopotamischen, später muslimischen Kulturraum verschoben.

Wem hat dies genutzt?

Nach einer Wiederbelebung der Astrologie im christlichen Europa durch die Mauren im 12. Jahrhundert und einer Hochzeit der Astrologie in der Renaissance im 15. und 16. Jahrhundert begann ihre zweite Krise ab dem 17. Jahrhundert mit dem Beginn der Aufklärung. Sie verschwand aus der offiziellen akademischen Welt. Wem hat dies genutzt?

Um den Nutzen dieser beiden Krisen der Astrologie zu begreifen, ist es unerlässlich, die Einengung des Menschenbildes und die damit einhergehende Entfremdung des Menschen von der äußeren Natur und seiner inneren Natur (den Gefühlen, dem Leib) zu erkunden.

Zum Menschenbild: In den altägyptischen Mysterien war der Geist (metaphysischer Anteil des Menschen) ebenso noch bekannt wie in der Antike, besonders bei Aristoteles. Schon auf dem Konzil von Konstantinopel von 869 wurde die Existenz des Geistes für ketzerisch erklärt. Der Mensch rückte weg von Gott und hin zum Tier. Man begann immer mehr an die Abstammung des Menschen vom Tier zu glauben, was ja heute noch immer den Kerngedanken der modernen Evolutionslehren bildet.

Zur Entfremdung des Menschen von der Natur und damit auch von sich selbst: Der Vordenker der Aufklärung, René Descartes, legte mit seinem *Ich denke also bin ich* einen weiteren Meilenstein der Entfremdung des Menschen zur äußeren Natur und damit auch zu den eigenen Gefühlen und dem *Leib*. Dieser war per Definition *līp* im Mittelhochdeutschen, später *Leib* als Begriff, noch ein lebendiger, beseelter Leib, den der Mensch von innen heraus betrachtet - Wir erkennen hier den subjektiven Anteil. Heutzutage ist der Begriff *Körper* gebräuchlich – der Begriff ist Konzept und meint (außer in der verbleibenden Enklave eines religiösen Kontextes, wo man den *beseelten Körper* kennt) Materie, von außen betrachtet, die durchaus auch tot sein kann und darüber hinaus für Artefakte benutzt wird. - Der geschulte Blick erkennt die perfekte Vorlage für eine Entwicklung ins Transhumane hinein.

Wir halten fest: das Menschenbild wurde im Laufe der Jahrtausende immer enger und die technische Zivilisation entwickelte sich in dem Maße, wie die Entfremdung des Menschen von sich selbst immer mehr zunahm. Mit diesem Verlust der Menschlichkeit verlor die Astrologie – abgesehen von gewissen Hochzeiten – zunehmend an Einfluss. Somit scheint sie ein *Störfaktor* für die Entwicklung unseres modernen Fortschrittes und seiner Kehrseite, der Entfremdung von uns selbst, zu sein. Gleichermaßen kann sie mit ihrem Blick von außen wichtige Impulse zur Veränderung bis hin zur Kehrtwendung gerade in unser Zeit geben.

Schlussfolgerung
Selbstermächtigung, zu der die Astrologie ihren Beitrag in der heutigen Zeit leisten kann, kann nur funktionieren, wenn

- die Menschheit ihre wahre Geschichte der Entmenschlichung kennt
- dann ihre gegenwärtig ohnmächtige Lage vollständig bewusst realisiert

daraus Folgen zieht und ihre Zukunft selbst in die Hand nimmt und kreiert. Schließlich wird Freiheit gelebt und nicht erbettelt!

BIOGRAPHIE

Prof. Dr. Heike Richter hat Germanistik, Romanistik studiert, mit Unterstützung eines Stipendiums der Friedrich-Naumann-Stiftung promoviert, ist gleichermaßen Betriebswirtin und Kommunikationspsychologin.

Danach ging sie zunächst in die Wirtschaft und baute drei Business Units für jeweils ausländische Konzerne in Deutschland im Bereich Personal- und Unternehmensberatung auf. Es folgte eine 20-jährige Tätigkeit als Professorin an zwei Fachhochschulen an der Fakultät Wirtschaftswissenschaften mit den Schwerpunkten Personalmanagement -entwicklung, Organisation & Unternehmensführung. Dass sie sich nicht in Schubladen stecken lässt, zeigt, dass sie sich seit über 20 Jahren professionell mit Astrologie beschäftigt und seitdem auch als Beraterin tätig ist, zu finden unter: *http://www.youtube.com/astrosicht und http://t.me/Astrosicht*

Traditionen der Fehldeutung in „Wissenschaft" und „Kultur" – Altphilologie und Psychoanalyse

Klaus Schlagmann

Zusammenfassung

Klima- und Corona-Debatten haben gezeigt, wie unbeschwert sogenannte Wissenschaftler die Wirklichkeit verkehren. Es hat Tradition, systematische Fehldeutungen in die Welt zu setzen und aufrecht zu erhalten. Dies zeige ich am Beispiel der circa 2.500 Jahre alten Sophokles-Stücke „Die Trachinierinnen", „Antigone" und „König Ödipus" und am Mythos von Narziss. Über Ödipus und Narziss lässt sich eine Brücke schlagen zur Psychoanalyse von Sigmund Freud. Er hat groteske Wirklichkeitsverkehrungen in die Welt gesetzt: Psychische Störungen seien nicht etwa durch Traumatisierungen ausgelöst, sondern durch angeborene, unbewältigte Perversionen. All diese Verwirrungen und Beschuldigungen tragen zu mangelhaftem Selbst-Bewusstsein der Menschheit bei.

Traditionen der Fehldeutung in „Wissenschaft" und „Kultur" – Altphilologie und Psychoanalyse

Soll der Gehalt von Erzählungen erschlossen werden, so muss die darin enthaltene Dynamik korrekt erfasst sein. Es können Widersprüche in Texte und Erzählungen eingebaut sein, die wahr-genommen, ausdrücklich benannt und aufgelöst werden sollten:

- Beispielsweise sagt in einem Stück eine Person etwas, handelt jedoch völlig gegensätzlich. An solchen Stellen haben wir es in der Regel mit einer bewussten Täuschungsabsicht zu tun.

- Es kann ein Vorgang in zwei verschiedenen Versionen geschildert werden. Hier ist dann eine gut begründete Entscheidung zu treffen, welche Version wohl der Wahrheit entspricht.
- Bedeutsam kann sein, dass eine Person in einer Situation, die eine bestimmte Aktion nahelegt, gerade nicht entsprechend handelt. Auch dies will wahrgenommen und in die Analyse einbezogen sein.
- Oder: Jemand bekommt die Anweisung, etwas zu tun, nimmt jedoch an der Instruktion kleine, aber entscheidende Änderungen vor.
- Und: Eventuell ist eine bestimmte Aussage offenbar nur ironisch gemeint. Wie aber erkennt man in einem Text Ironie?

Oft genug nehmen sogenannte Wissenschaftler solche Auffälligkeiten nicht einmal wahr. Mit der Blindheit für solche Feinheiten bleibt ihnen beispielsweise der Blick verstellt für die gleichnishaften Botschaften zu politischen Themen, die der grandiose Sophokles seinen Landsleuten seinerzeit mit auf den Weg gegeben hat. Ausführliche Darstellungen dazu finden sich in den Vorlesungs-Unterlagen.

Eine systematische Verdrehung der Sophokles-Texte beginnt mit Seneca, circa 500 Jahre nach Sophokles. Er agiert als Propagandaminister am Tyrannenhof der Kaisergattin Agrippina und ihres Sohnes Nero. Als Haus- und Hofdichter nimmt er eine geradezu systematische Umschreibung griechischer Intrigen-Dramen vor, in denen Königinnen eine verhängnisvolle Rolle spielen. Seneca befreit die Intrigantinnen von jedem Verdacht und wälzt die Schuld ganz auf die

Dienerschaft oder das Schicksal ab. Damit hat er erfolgreich zum Nicht-Verstehen der griechischen Vorlagen beigetragen.

Eine neue Dimension des Fehldeutens erreicht die sogenannte „Psychoanalyse" Sigmund Freuds – vor ungefähr 120 Jahren. Freud ist einer der Vorreiter, der die systematische Verdrehung von Geschichten zur „Wissenschaft" erhebt. Die eigentlichen Opfer werden dabei zu Tätern erklärt.

So will uns Freud mit seinem Begriff vom Ödipuskomplex weismachen, dass jeder Junge im Alter von 1-7 Jahren die Absicht habe, seinen Vater aus dem Weg zu räumen, um mit seiner Mutter ein sexuelles Verhältnis aufnehmen zu können. Das Sophokles-Stück, das Freud als Beleg für seine Ableitung heranzieht, erzählt jedoch das genaue Gegenteil. Ödipus ist als Säugling mütterlicher Misshandlung ausgesetzt. Als Mann in den besten Jahren will er am Ende des Stückes sehr bewusst seine Mutter, Iokaste, umbringen, um seinen Vater zu rächen, für dessen Tod Iokaste indirekt verantwortlich ist. Freuds groteske Verdrehung der Handlungsdynamik ist überaus auffällig.

In der therapeutischen Praxis hat der harmlos klingende Begriff „Ödipuskomplex" fatale Folgen. Bei den Lindauer Psychotherapie-Wochen 1997 „analysiert" beispielsweise Professor Otto Kernberg unter großem Applaus von über eintausend „Fachleuten": Eine unter 10-jährige Grundschülerin erlebe die Vergewaltigung durch ihren Vater „wie so typisch … als einen sexuell erregenden Triumph über ihre Mutter". Dieses Triumph-Gefühl durch den „Sieg über die ödipale Mutter" führe bei ihr zu einem Erleben von „ödipaler Schuld". Diese wiederum löse ihre Depression aus. Sie müsse „ihre [ödipale] Schuld tolerieren". Niemand im Auditorium protestiert gegen diese groteske Opfer-Täter-Umkehr. Otto Kernberg wird im selben Jahr zum Präsidenten der Internationalen psychoanalytischen Vereinigung gewählt. Bis heute gilt er als einer der berühmtesten Psychoanalytiker der Welt.

Auch die Ausgestaltung des Narzissmus-Begriffs ist bezeichnend. Narziss ist – nach griechischem Mythos – ein schöner Jüngling. Seine Geschichte wird in verschiedenen Varianten erzählt. Einerseits, dass der 16-Jährige am plötzlichen Tod seiner geliebten Zwillingsschwester leidet sowie am Verlust ihm gleichfalls ähnlich sehender, geliebter Angehöriger: Vater und Mutter. Sein Spiegelbild im Wasser erinnert ihn offensichtlich an diese Menschen und lässt ihn verzweifelt versuchen, sie festzuhalten. Die Vergeblichkeit seines Tuns verstärkt in ihm seinen Schmerz. Andererseits wird erzählt, dass zwei Männer und eine geistlose Nymphe ihm eine sexuelle Beziehung aufdrängen wollen. Weil Narziss dies – völlig zu recht – abweist, üben die frustrierten Verliebten psychische und physische Gewalt auf ihn aus. Narziss ist also ein Opfer von egozentrischem Schicksal und egozentrischer Bedrängnis.

Die psychoanalytische Theorie definiert nun jedoch „Narzissmus" als Selbstgefälligkeit, erklärt Narziss zum egozentrischen, beziehungsunfähigen Täter. Damit verkehrt sie den Gehalt der klugen Fabel in ihr Gegenteil. Nach den Ausführungen Freuds findet sich „narzisstisches" Verhalten vor allem bei Größenwahnsinnigen und Schizophrenen, Kindern und Primitiven, Homosexuellen und sonstigen Perversen sowie bei Frauen und Müttern. Dass der Narziss aus dem Mythos in keine einzige dieser Kategorien hineinpasst, das stören weder Freud noch diejenigen, die sein Konzept kritiklos übernehmen. Mit dem Begriff „Narzissmus" lassen sich – wie auch mit dem „Ödipuskomplex" – in angeblichen Therapien die eigentlichen Opfer von Gewalt mit Leichtigkeit zu Tätern erklären. Hierzu ebenso ein Fall aus Otto Kernbergs

Vortrag, bei dessen Darstellung er sein Publikum zu herzhaftem Lachen bringt: Eine Patientin wird in Kernbergs Klinik von ihrem verheirateten Therapeuten zu einer sexuellen Affäre verführt, dann abrupt fallengelassen. Sie nimmt sich daraufhin das Leben. Eine Freundin zeigt Klinik und Therapeuten an. Kernberg referiert diesen Fall unter der Überschrift: „Transformation des Opfers in einen Täter". Diagnose: „Destruktiver Narzissmus".

Um diese irrsinnige Wirklichkeitsverkehrung abzusichern, wird in der neueren „Fachliteratur" zum „Narzissmus" der alte Mythos mit aller Macht der neuen Deutung unterworfen: Dass zwei der abgewiesenen Verliebten sich das Leben nehmen, wird Narziss als „unterlassene Hilfeleistung" und Schuld angekreidet. Dass er die sexuellen Avancen zweier Männer ablehnt, beweise seine Unfähigkeit, auf die Liebeswünsche anderer Menschen einzugehen. Ein auf Wikipedia erfundener Fake-Mythos, der Narziss zu einer lächerlichen Witzfigur herabwürdigt, wird kritiklos abgeschrieben.

Dieselbe Art der Opfer-Täter-Umkehr in Freuds ausführlichster Literaturbetrachtung von 1907: „Der Wahn und die Träume in W. Jensens ‚Gradiva'". Freud entwickelt im Briefwechsel mit CG Jung eine zentrale Deutung von Wilhelm Jensens Novelle „Gradiva" (1903): Der Text zeige, dass Jensen in eine körperlich behinderte Schwester verliebt gewesen sein müsse. Pech für Freud, dass Jensen ganz ohne Eltern und Geschwister aufgewachsen war.

Jensen offenbart Freud in drei Briefen eine Fülle persönlicher Informationen. Seine Texte hätten dem Andenken an eine mit achtzehn Jahren verstorbene Kindheitsfreundin gedient. Dieses Trauma überschattet Jensens Leben und schlägt sich in einer Vielzahl seiner Werke nieder. Freud weigert sich jedoch, Jensen als Opfer dieses sehr speziellen Schicksals zu sehen. Stattdessen erklärt er ihn zum Täter, der seine Schwester mit inzestuösen Trieben verfolgt habe. Diese Deutung erweist sich zwar schon allein wegen der fehlenden Schwester als lächerlicher Schlag ins Wasser. Trotzdem hat Freud die Frechheit, 1912 zu publizieren, Jensen habe bei der Deutung der Novelle seine Mitwirkung versagt. Jensen selbst konnte sich nicht mehr dagegen wehren: Er war ein Jahr zuvor verstorben. Freuds suggestive Diffamierungen eines respektablen Schriftstellers werden bis heute aufrechterhalten und von „Fachverlagen" abgedruckt.

Das geradezu systematische Fehldeuten oder Missverstehen von Texten lässt mich vermuten, dass sich hierin eine geradezu zielstrebige Absicht zum Ausdruck bringt: Die Menschheit wird darin erzogen, Widersinnigkeiten hinzunehmen, Widersprüche zu übersehen, sich gänzlich naiv auf „Narrative" zu verlassen, sodass sie am Ende die Dauer-Berieselung mit fadenscheinigen und abstrusen Fake-Geschichten durch die Haupt-Medien hinnimmt. Nach und nach verbreiten sich so Blindheit und Kritiklosigkeit – selbst gegenüber dem Verrat der eigenen Interessen.

Literatur:
Klaus Schlagmann: Ödipus – komplex betrachtet. Selbstverlag, Saarbrücken, 2005
Klaus Schlagmann: Die Narzissmus-Lüge. Über den Missbrauch eines emanzipatorischen Mythos. R.G. Fischer Verlag, Frankfurt a.M., 2021
Die Vortragsfolien sind als pdf-Dateien abzurufen unter *https://oedipus-online.de/index.php/aktivitaeten/*.
Dort finden sich Angaben zu verwendeten Quellen. Weitere Informationen finden sich auf meinen Webseiten *https://oedipus-online.de* und *https://narzissmus-diskussion.de*.

BIOGRAPHIE

Klaus Schlagmann, geboren 1960, Dip-
lom-Psychologe und Psychotherapeut,
seit 1993 in eigener Praxis als Verhal-
tenstherapeut tätig, ausgebildet in ka-
thym-imaginativer Psychotherapie,
Verhaltenstherapie, NLP, Hypnose und
Psych-Analyse nach *Josef Breuer*. Mehr
als 25 Jahre hat er zur Geschichte der
Psychoanalyse geforscht, unter anderem
zum Gegenstand von Sigmund Freuds
ausführlichster Literaturbetrachtung:
der Novelle *Gradiva* und ihrem Autor,
Wilhelm Jensen. Er hat drei Briefe Freuds
an Jensen, die zuvor als verschollen galten, erstmals publiziert (2012). Den psy-
choanalytisch diffamierten Jensen rückt
er in ein ganz anderes Licht. Genauso
würdigt er den wahren Gehalt antiken
griechischen Kulturguts, enthalten beispielsweise im Drama von König Ödipus und im Mythos von *Narziss*.

Spitzen-Gesundheit im Rahmen einer neuen Gesundheitskultur

Jörg Spitz

Zusammenfassung

Wir können heute mit Sicherheit und auf Grundlage einer breiten Datenbasis sagen, dass die evolutionäre Umwelt einst alle wesentlichen Faktoren für unsere Gesundheit enthalten hat. Diese ideale Situation ist vom Menschen durch die Entwicklung der Zivilisation massiv gestört worden, woraus nicht nur eine Verseuchung der natürlichen Umwelt mit Schadstoffen resultierte, sondern auch ein Verlust von essenziellen Ressourcen.

Sozusagen als Gegengewicht kann eine neue Gesundheitskultur im Rahmen eines allgemeinen Kulturwandels gezielte Maßnahmen entwickeln.

Ziel dabei ist es, im Sinne der Verhältnis- und Verständnisprävention die verloren gegangenen Ressourcen wieder zur Verfügung zu stellen sowie die Schadstoffexposition zu minimieren.

Bestandsaufnahme in Sachen Gesundheit

Während sich zahllose Forscher und – zum Teil selbsternannte – Experten seit Beginn des 21. Jahrhunderts mit wachsendem Engagement darüber streiten, ob, wann und wo welche Umweltkatastrophen eintreten könnten, ist diese Diskussion tatsächlich längst überholt, denn die eigentliche Umweltkatastrophe ist bereits eingetreten. Sie haben von dieser Katastrophe noch nichts gehört? Nun, da sind Sie nicht alleine mit Ihrem Wahrnehmungsproblem! An mangelnder Dringlichkeit kann dies nicht liegen. Denn in Folge dieser Katastrophe beklagen wir weltweit bereits 40 Millionen Tote

– jährlich! Und das ist keine Horrorstory irgendeines Abendblattes, sondern die offizielle Bestandsaufnahme der Weltgesundheitsorganisation (WHO), welche im Juni 2018 publiziert wurde. Als „Nichtübertragbare Krankheiten" (NüK) bezeichnet die WHO, was im allgemeinen Verständnis meist als Zivilisationskrankheiten bekannt ist. Diese Krankheiten sind es, die jährlich die unvorstellbare Zahl von rund 40 Millionen Menschen töten – davon 15 Millionen im Alter von 30 bis 69 Jahren. Diese Katastrophe trifft alle, gleich welchen Alters!

80 Prozent der Todesfälle durch Nichtübertragbare Krankheiten konzentrieren sich dabei auf die vier führenden Killer: Koronare Herzkrankheit mit 18 Millionen Toten, Krebs mit 9 Millionen Toten, Atemwegserkrankungen mit 3,9 Millionen und Diabetes mit vergleichsweise „schlappen" 1,6 Millionen Opfern – wie bereits angeführt: jedes Jahr! Welch eine manifeste Katastrophe im Vergleich zu den Auswirkungen der befürchteten Wirbelstürme, Wasserfluten, Wüsten und Viruserkrankungen; zumindest im Hier und Heute. Was diese Zahlen der WHO ebenfalls verdeutlichen, ist die Tatsache, dass die zeitgenössische Medizin mit diesen Erkrankungen und damit mit der Behandlung vieler Millionen Menschen weltweit schlicht überfordert ist. Sie kann zwar die Symptome behandeln, das Leid und die Schmerzen der Erkrankten lindern, jedoch die Krankheiten zum Großteil nicht heilen.

Dass diese Unfähigkeit keine Frage des fehlenden Geldes ist, zeigen die deutschen Aufwendungen für das sogenannte Gesundheitswesen und nicht zuletzt auch die Ressourcen, die im Zuge der Corona-Krise aufgewendet werden. Zum Phänomen der Covid-19-Pandemie hat die *Deutsche Stiftung für Gesundheitsinformation und Prävention* gesonderte Stellungnahmen erarbeitet. Doch bereits vor dieser einschneidenden Entwicklung ist unser Gesundheitswesen in Wirklichkeit längst zum "Krankenwesen" mutiert, welches zwar bereit ist, mit dem stolzen Betrag von 1 Milliarde Euro pro Tag Brände zu löschen, aber die Ursachenbekämpfung außer Acht lässt.

Deutlicher noch wird diese ökonomische Schieflage in Gesundheitsfragen in den Vereinigten Staaten von Nordamerika: hier sind die Ausgaben noch wesentlich höher als in der EU. Die aus diesem Aufwand für die USA resultierende Gesundheit der Bevölkerung ist jedoch im internationalen Vergleich allenfalls mittelmäßig. Darüber hinaus sind die Bürger der USA das erste Volk, dessen Lebenserwartung seit zwei Jahren rückläufig ist. Offensichtlich kann man Gesundheit also nicht kaufen – oder setzen wir schlicht die falschen Prioritäten?

Evolution und Natur-Defizit-Effekt (NDE)

Wie ist diese Entwicklung also zu erklären? Wieso stirbt jährlich eine hohe zweistellige Millionenzahl an Menschen, obwohl wir Unsummen für Gesundheit ausgeben? Die Antwort lautet: Wir befinden uns auf dem Holzweg und wie auch in den angemahnten Naturkatastrophen der Zukunft, trägt dafür nicht der Einzelne die Verantwortung. Die Richtung können Gesellschaften nur gemeinsam ändern. Den Weg hin zu einer neuen Gesundheitskultur weist uns die Öko-Psycho-Somatik.

Umfangreiche Forschungsergebnisse zu Beginn des 21. Jahrhunderts lassen keinen Zweifel daran, dass die speziellen geophysikalischen Rahmenbedingungen der Erde vor Milliarden von Jahren zur Entwicklung des Lebens auf dem blauen Planeten geführt haben. Die großen Zusammenhänge sind bereits seit längerer Zeit bekannt. Unbekannt war bis vor kurzem allerdings die Tatsache, dass der Mensch kein unabhängiges Lebewesen, sondern Bestandteil einer „irdischen Biomasse" ist, mit der er ebenso wie mit der physikalischen Umwelt im ständigen Austausch steht.

Diese Biomasse besteht – in evolutionärer Reihenfolge gelistet – aus Bakterien und Viren, Pflanzen, Tieren und letztendlich auch den Menschen. Der Austausch zwischen den verschiedenen Organismen vollzieht sich im Rahmen der Epigenetik d. h. der Interaktion von Umwelteinflüssen aller Art mit unseren Genen, der in den Zellen verankerten Erbsubstanz. Dieses geniale, auf die spezielle Situation der Erde zugeschnittene System hat sich über Milliarden von Jahren evolutionär entwickelt, zu immer komplexeren Lebensformen geführt und gipfelt in der Spezies Mensch.

Diese entwicklungsgeschichtliche Erkenntnis ist insofern von weitreichender Bedeutung, als der Mensch seine Umwelt, die Erde, die ihn unter definierten Bedingungen hervorgebracht hat, massiv verändert hat – ohne zu ahnen, dass er damit die Voraussetzungen für seine Existenz infrage stellt und den Ast absägt, auf den ihn die Evolution gesetzt hat.

Begonnen hat dieser Prozess noch relativ gemächlich vor rund 10.000 Jahren mit Ackerbau und Viehzucht. Im Rahmen des technischen Fortschrittes der letzten Jahrhunderte hat die Entwicklung jedoch erheblich an Fahrt aufgenommen und seit einigen Jahrzehnten einen Höhepunkt in der Raumfahrt gefunden. Es scheint, als ob die Natur uns nun ein Stoppschild gesetzt hat. Und zwar in Form der eingangs erläuterten – und durch die WHO bezifferten - aktuellen Katastrophe der epidemisch grassierenden Zivilisationskrankheiten.

Und als wäre das nicht genug: Es steigen nicht nur die Zahlen der Betroffenen und Toten bei den schon vertrauten Weggefährten wie Diabetes, Herzinfarkt und Krebs, es kommen auch noch weitere Zivilisationskrankheiten hinzu. Besonders die früher als Geisteskrankheiten bezeichneten psychiatrischen und neurologischen nichtübertragbaren Erkrankungen wie Demenz, Depression und Schizophrenie haben Hochkonjunktur.

Während die immer noch reduktionistisch orientierte zeitgenössische Medizin fleißig an den Symptomen der verschiedenen NüK herumwerkelt, ist inzwischen deutlich geworden, dass die Zivilisationskrankheiten ihren Namen zu Recht tragen: Sie sind die Folge des technischen Fortschrittes, auf den wir so stolz sind. Dieser Fortschritt führt jedoch nicht nur zu einer Verseuchung der natürlichen Umwelt mit toxischen Substanzen (Pestizide, Herbizide, endokrine Disruptoren und BPA sowie Blei, Aluminium und Quecksilber, um nur einige zu nennen), sondern auch zum Verlust zahlreicher natürlicher Ressourcen wie der Stille und des Dunkels der Nacht, sauberen Wassers, der Sonnenexposition und Vitamin D, körperlicher Bewegung und guter sozialen Beziehungen – um auch hier nur einige Punkte zu nennen.

Die Gesamtheit dieser Einflussfaktoren wird heute wissenschaftlich als sogenanntes „Exposom" erforscht, wobei diese Forschung noch in den Kinderschuhen steckt. Für die Folgen dieser Veränderungen unserer Umwelt hat die von mir gegründete Akademie für menschliche Medizin die Bezeichnung Natur-Defizit-Effekt geprägt.

Wie ist das Konzept des Natur-Defizit-Effektes zu verstehen?
Das bereits erläuterte evolutionär perfektionierte „System Mensch" hat folgende Eigenschaften: Es ist nicht linear, selbstentfaltend, selbst steuernd, selbst regenerierend und gelegentlich sogar selbstreproduzierend sowie in konstan-

tem Austausch mit seiner Umwelt, auf deren Ressourcen das System für eine korrekte Funktion angewiesen ist. Bis heute haben wir es nicht geschafft, ein technisches Produkt zu entwickeln, das auch nur annähernd über solche Qualitäten verfügt.

Jede kontraproduktive oder unnatürliche Veränderung der Umwelt kommt daher als Krankheits-Bumerang wieder zu uns zurück. Wir müssen realisieren, dass wir Menschen eine spezielle Bauartzulassung für die natürliche Umwelt unserer Erde haben. Dies bedeutet auch, dass wir Terranauten – und keine Astronauten sind, auch wenn einzelne Personen oder Gruppierungen dies gerne hätten.

Wichtiger als die einzelnen Details ist jedoch die Tatsache, dass nicht nur die Mehrheit der Bevölkerung von diesen Umweltbelastungen bzw. Mängeln an Ressourcen betroffen ist, sondern die meisten Menschen mehrere Mängel oder Belastungen aufweisen. Natürlich fällt niemand infolge einer fehlenden natürlichen Ressource – zum Beispiel Bewegungs- oder Vitamin-D-Mangel – gleich tot um. Aber selbst bei einer klassisch reduktionistischen Betrachtungsweise haben die einzelnen Faktoren jeweils eine schützende oder krankmachende Wirkung von einem bestimmten Ausmaß. Bei einer ganzheitlichen Betrachtungsweise ändert sich dieses Bild jedoch gewaltig, da sich die Folgen der einzelnen Faktoren bei gleichzeitigem Vorhandensein nicht addieren, sondern multiplizieren – getreu der alten Spruchweisheit: Viele Hunde sind des Hasen Tod.

Auch hierfür gibt es inzwischen mehrfache Belege: Die eindrucksvollen Ergebnisse einer Untersuchung von rund 30.000 Patienten mit einem Herzinfarkt zeigten zunächst keinerlei genetische Einflüsse. Dies bedeutet, dass ein Japaner aus den gleichen Gründen wie ein Südamerikaner seinen

Herzinfarkt entwickelt. Als reproduzierbare Ursache des Infarktgeschehens fanden sich jedoch neun – zum Teil wohlbekannte – Lebensstilfaktoren wie fehlende körperliche Tätigkeit, Rauchen, Bluthochdruck, schlechte Ernährung, um nur einige zu nennen. Jeder Risikofaktor erhöhte die Wahrscheinlichkeit, einen Herzinfarkt zu entwickeln um einen Faktor von etwa 2,5. Hatte jemand gleich vier Risikofaktoren, erhöhte sich diese Wahrscheinlichkeit jedoch nicht auf den Faktor zehn, sondern auf den Faktor 40. Wer sich den „Luxus" von allen neun Risikofaktoren leistet, steigert die Wahrscheinlichkeit für den Herzinfarkt um den Faktor 330! Sprich: Die negativen Einflüsse verstärken sich gegenseitig in ihrer Gefährlichkeit. Im Zusammenhang mit weiteren, nahezu gleichlautenden Berichten zu anderen Krankheitsbildern verdeutlichen diese Forschungsergebnisse auch, dass es nicht das voranschreitende Alter ist, welches uns die zunehmende Krankheitswahrscheinlichkeit beschert, sondern die im Laufe des Lebens zunehmend eingesammelten Risikofaktoren.

Eine neue Gesundheitskultur

Diese bedrückenden Erkenntnisse bieten jedoch auch hoffnungsvolle Perspektiven. Angesichts der systemischen Zusammenhänge und der Bedürfnisse des Menschen lassen sich Konzepte entwickeln, die den Krankheits-Tsunami der Zivilisation überwinden können. Einige Beispiele dazu folgen später. Voraussetzung für die Entwicklung solcher Konzepte ist die besagte neue Gesundheitskultur auf Grundlage der Öko-Psycho-Somatik. Diese wiederum ist Bestandteil des sich anbahnenden allgemeinen Kulturwandels in der Gesellschaft, der den elementaren Bedürfnissen der Menschen Rechnung trägt. Die Inhalte dieser neuen Gesundheitskultur dürfen sich allerdings nicht mehr auf den Menschen beschränken, sondern müssen auch seine Um- und Lebenswelt berücksichtigen. Diese Sicht berücksichtigt neben den Interaktionen des Menschen mit der physikalischen Umwelt auch das Zusammenspiel mit allen dort vertretenen Lebewesen, seinen Symbionten in der Biomasse der Erde.

Die Erfahrung mit den Mikrobiota und dem Mikrobiom (genetische Gesamtheit der Bakterien) unseres Körpers lehrt, dass die Zeiten eines Rankings der Lebewesen entlang der Evolutionsachse vorbei sind. Ohne diese winzigen „hässlichen Bazillen" aus der Frühzeit des Lebens ist weder Mensch noch Tier noch Pflanze existenzfähig: Die Bakterien sind die eigentlichen Herrscher dieser Welt. Sie haben die Erde vor Urzeiten erobert und geprägt und tun dies heute noch.

Alle diese Lebewesen können als Support-Team angesehen werden, welches dem Menschen die benötigten Ressourcen liefert und ihn damit überhaupt erst existenzfähig macht. Diese Erkenntnis bedeutet auch die Beendigung der Missachtung dieser Spezies als vermeintlich niedrigere Entwicklungsstufen des Lebens verbunden mit der Forderung, die (noch weitgehend unbekannte) Kommunikation mit diesen Lebewesen zu erforschen.

Wem der Versuch, mit einer Pflanze zu kommunizieren, lächerlich erscheint, der sollte zur Kenntnis nehmen, dass Pflanzen sich offensichtlich über Aromastoffe „unterhalten" und der Mensch nicht nur in seiner Nase, sondern auch auf der Oberfläche aller Körperzellen Riechrezeptoren hat! Wozu wohl?

Aber auch die Beziehung zu unseren sogenannten Nutztieren bedarf nicht nur aus ethischen Gründen einer neuen Positionierung. Insbesondere verbietet sich eine nicht-artgerechte, die Tiere quälende Haltung zur Fleischproduktion in der derzeitigen Form! Niemand möchte Stress in seinem Leben, aber die Mehrheit der Bevölkerung schlägt sich – verführt von den Werbebotschaften der Nahrungsmittelindustrie – den Bauch voll mit krankmachendem Stressfleisch. Eine groteske Situation und nicht die einzige Fehlentwicklung der modernen Gesellschaft.

Doch was hat uns eine neue Gesundheitskultur auf Basis der Öko-Psycho-Somatik konkret zu bieten? Dazu nun die angekündigten Beispiele: In einer umfangreichen Untersuchung des Deutschen Instituts für Ernährungsforschung an 20.000 deutschen, klinisch gesunden Menschen konnte gezeigt werden, dass die Vermeidung von vier riskanten Lebensstil-Faktoren (Übergewicht, falsche Ernährung, Rauchen, fehlende Bewegung) nach acht Jahren zur Vermeidung von rund 80 Prozent Diabetes, Herz-Kreislauf-Leiden und weiterer chronischer Erkrankungen führte. Allerdings fanden sich in diesem (für die deutsche Bevölkerung repräsentativen) Kollektiv nur 9 Prozent, die frei von den genannten Risikofaktoren waren. Eine zusätzliche Auswertung ergab ferner, dass diese Risikofaktoren Männer rund 17 Jahre und Frauen etwa 14 Jahre ihrer Lebenserwartung kosten. Im Klartext bedeutet dies, dass die große Mehrzahl aller Zivilisationskrankheiten vermieden werden könnten, wenn die Bevölkerung einen anderen Lebensstil hätte. Welch ungenutztes Potential.

Doch auch gezielte Einzelmaßnahmen sind aktenkundig. So hat die australische Neurologin Felice Jacka nicht nur die Fachzeitschrift „Nutritional Psychiatry" (Ernährungs-Psychiatrie) gegründet, sondern durch die (Wieder)-Einführung einer altbewährten Ernährungsweise – der mediterranen Diät – in ihrem Zentrum für „Food and Mood" gezeigt, dass nach einem Jahr rund 50 Prozent der Patientinnen ihre Depression verloren hatten! Auch die angeblich schicksalhafte Demenz ist hausgemacht und Folge einer langjährigen Misshandlung der Gehirnzellen durch einen falschen Lebensstil. Hier zeigen neueste Publikationen des Kollegen Dale E. Bredesen aus den USA, dass sich kognitive Beeinträchtigungen – der Anfang der Demenz – stoppen lassen, wenn man multifaktorielle Lebensstil-Maßnahmen ergreift, welche die in der Lebenswelt dieser Menschen verlorengegangen Ressourcen ersetzen und Schadstoffe beseitigen.

Ähnliche Erfahrungen mit dem gleichen Maßnahmen-Katalog finden sich in der Onkologie. Angefangen mit Ernährung und Bewegung bis hin zum Ausgleich des ubiquitären Vitamin-D-Mangels sind solche Konzepte in der Lage, bösartige Erkrankungen bei der Entstehung und am Fortschreiten zu hindern. So untersuchte beispielsweise eine Ende 2018 publizierte Studie den Einfluss von Vitamin D auf rund 5.000 irische Frauen mit der Diagnose invasiver Brustkrebs. Diejenigen, die mit Vitamin D versorgt wurden, erfuhren, im Vergleich mit einem unbehandelten Kontrollkollektiv, eine Reduktion der Brustkrebs-spezifischen Mortalität um 49 Prozent.

Auch für Deutschland gibt es beachtliche Zahlen: Wissenschaftler des renommierten Deutschen Krebsforschungszentrums (DKFZ) in Heidelberg berichten im Februar 2021 auf der Basis von drei Metaanalysen internationaler Daten, dass eine Vitamin-D-Supplementierung mit einer Verringerung der Sterberate an Krebs um etwa 13 Prozent einhergeht. Übertragen auf die Situation in Deutschland errechnet sich daraus für eine Vitamin-D-Supplementierung aller Deutschen über 50 Jahre die Chance für die Vermeidung von bis zu 30.000 Krebstodesfällen pro Jahr und einen Gewinn von mehr als 300.000 Lebensjahren – bei gleichzeitiger Kostenersparnis von jährlich 254 Millionen Euro.

Ähnliches lässt sich zum Diabetes Typ 2 berichten. Hier führte die gezielte Veränderung der Lebenswelt (Beendigung der Zucker-Intoxikation durch eine an Kohlenhydraten arme Kost, Bewegung, Vitamin D und Gesundheitscoaching) in der Reha-Klinik Überruh in Isny im Allgäu innerhalb des üblichen Kuraufenthaltes von drei Wochen zu einem Verschwinden des Diabetes bei der Hälfte der Patienten und zu einer Reduktion der Medikamente bei weiteren 40 Prozent.

Dass der technische Fortschritt durchaus auch in den Dienst eines gesundheitsfördernden Lebensstils gestellt werden kann, beweist die Gesund4you GmbH mit der Entwicklung des Test- und Trainingsgerätes „Velio", welches die Ableistung der täglichen Trainingseinheiten in wenigen Minuten auch für Menschen mit einem sitzenden Büroarbeitsplatz erlaubt. Zahlreiche Firmen unterstützen solche Maßnahmen bereits oder bieten kostenlose Yogakurse für die Belegschaft an, da sie erkannt haben, dass gesunde Mitarbeiter immer wertvoller sind als kranke. Auch die gezielte Reduktion des zunehmenden Elektrosmogs ist heute mit Hilfe modernster technischer Maßnahmen möglich. Wir sind also den krankmachenden Umweltfaktoren nicht hilflos ausgeliefert.

BIOGRAPHIE

Prof. Dr. Jörg Spitz, geboren 1943, studierte Humanmedizin an den Universitäten Marburg, Innsbruck und in Bonn, wo er seine Dissertation im Fach Nuklearmedizin abschloss. Es folgte eine Ausbildung zum Facharzt für Nuklearmedizin an den Universitäten Köln und Würzburg. Die Habilitation und apl. Professur für Nuklearmedizin erfolgte an der Universität Mainz. Er war Oberarzt bzw. Chefarzt in den Kliniken Bamberg und Wiesbaden. 2005 gründete Prof. Spitz die "Gesellschaft für Medizinische Information und Prävention" (*www.mip- spitz.de*). 2007 war er im Vorstand des „Europäischen Gesundheitsnetzwerkes" (*www.eu-gn.eu*). 2008 gründete er die „Deutsche Stiftung für Gesundheitsinformation und Prävention". Weltbekannt wurde er durch sein Buch „Vitamin D – Das Sonnenhormon für unsere Gesundheit und der Schlüssel zur Prävention" (2008). Sein aktuelles Projekt ist „Das Haus der hellen Köpfe", ein virtuelles Zentrum der Arbeitsgemeinschaft „Neue Gesundheitskultur": *https://spitzen-praevention.com/haus-der-hellen-koepfe/.*

Zur Entlassung von Professoren aus leichtfertigen Gründen

Heike Egner & Anke Uhlenwinkel

Zusammenfassung

Seit 2018 nimmt die Entlassung von Professoren aus Gründen, die weder dem Strafrecht noch dem allgemeinen Arbeitsrecht zugeordnet werden, erheblich zu, obwohl das Grundrecht auf Wissenschaftsfreiheit eine klare Hürde darstellt, die eine Entlassung von Wissenschaftlern aus leichtfertigen Gründen verhindern soll. Die neue Praxis der Entlassung von Professoren stützt sich dabei auf Gründe wie „Führungsfehlverhalten", „Schlechterfüllung" „Ausführungsfehlverhalten" und „ideologische Unbotmäßigkeit". Damit wird das Grundrecht auf Wissenschaftsfreiheit ausgehöhlt.

Einleitung

Professoren genießen seit der Moderne in allen Demokratien einen besonderen Schutz im Rahmen ihrer Beschäftigung an einer Universität oder Forschungseinrichtung. Das hat einen guten Grund: die Wissenschaftsfreiheit. Diese ist in Deutschland in Art. 5 Abs. 3 GG geregelt. Die Wissenschaftsfreiheit ist somit im Rahmen des Schutzes der Meinungsfreiheit (Art. 5) mit einem eigenen Absatz noch einmal gesondert hervorgehoben, was ihre Wichtigkeit betont. Diesem Grundrecht „liegt der Gedanke zugrunde, dass eine Wissenschaft, die frei von gesellschaftlichen Nützlichkeits- und politischen Zweckmäßigkeitsvorstellungen ist, dem Staat und der Gesellschaft im Ergebnis am besten dient".[1] Die Wissenschaftsfreiheit wird durch die zunehmende Praxis der Entlassung von Professoren deutlich infrage gestellt.[2]

---

1 Urteil des Schleswig-Holsteinischen Verwaltungsgerichts in Sachen Patrik Baab ./. Christian-Albrechts-Universität zu Kiel vom 25.04.2023, (Az 9 A 167/22), S. 16.
2 Egner, Heike & Anke Uhlenwinkel (2024): Ein Angriff auf die Wissenschaftsfreiheit. In: Gysi, Gabriele (Hrsg.) Der Fall Ulrike Guérot. Versuche einer öffentlichen Hinrichtung. Frankfurt am Main: Westend, 13–27.

Welche Gründe werden für die Entlassung angegeben?

Es gibt durchaus berechtigte Gründe, einen Professor zu entlassen. Dazu zählen strafrechtliche Tatbestände wie Betrug, Veruntreuung von Geldern, Nötigung oder sexuelle Belästigung. Darüber hinaus gibt es noch arbeitsrechtliche Gründe wie etwa die Verunglimpfung des Arbeitgebers oder das Fernbleiben vom Dienst. Neu sind dagegen Gründe, die in keinem Gesetz geregelt sind und darüber hinaus in der Person des Professors gesucht werden, wobei häufig allein ein (teils sogar anonym) erhobener Vorwurf ausreicht, um die drastische Folge für das Dienstverhältnis zu zeitigen (Tabelle 1). Mit diesen „persönlich attribuierten Gründen" ist folgendes gemeint:

- „Führungsfehlverhalten" – darunter fallen die Vorwürfe von Mobbing durch den Professor, der Ausübung von psychischem Druck sowie der Schaffung einer Atmosphäre der Angst oder des Terrors. Unsere Studie hat gezeigt, dass sich dahinter häufig eine Leistungserwartung des Professors Mitarbeitern oder wissenschaftlichen Nachwuchskräften gegenüber verbirgt, die von diesen als gegen sie gerichtete Aggression gedeutet wird. Zum Beispiel hat eine Professorin bei ihrer Doktorandin ein Plagiat in deren Dissertation nachgewiesen. Die Doktorandin argumentierte gegenüber der Hochschulleitung, dass die Professorin etwas persönlich gegen sie habe und sie mobbe. Die Professorin wurde entlassen, die Doktorandin promoviert und mit einer Dauerstelle an der gleichen Hochschule ausgestattet.

- „Schlechterfüllung" – damit ist ein von der Hochschulleitung freihändig definiertes Fehlverhalten bei der Durchführung von professoralen Aufgaben gemeint. In einem Fall hat eine Professorin nach Meinung der Wissenschaftseinrichtung zu einem „falschen" Forschungsthema gearbeitet, das angeblich nicht in der institutsinternen Liste der zu bearbeitenden Themen stand. In einem anderen Fall wertete die Hochschulleitung das Fehlen einer Lehrevaluation, die jedoch gar nicht in der Verantwortung der Professorin, sondern bei einer anderen Stelle lag, als so gravierend, dass die Kollegin ihre Professur verlor.

- „Ausführungsfehlverhalten" – damit ist ein von der Hochschulleitung definiertes Fehlverhalten in Bezug auf administrative Tätigkeiten gemeint. Zum Beispiel wurde ein Professor entlassen, weil er einen Dienstreiseantrag an der „falschen" Stelle einreichte. Obwohl die Hochschulleitung im nachfolgenden Verfahren selbst nicht angeben konnte, welches die „richtige" Stelle gewesen wäre, blieb die Entlassung aufrecht.

- „Ideologische Unbotmäßigkeit" – damit ist gemeint, dass Professoren in einem politisch aufgeladenen Themenfeld (z.B. Gender, Migration, Corona, Krieg) eine andere Meinung als die Mehrheitsmeinung vertreten. Für die betroffenen Kollegen kommt der Vorwurf meist völlig überraschend. In einem Fall hat ein Professor lediglich die bisherige Lehrmeinung weiter vertreten, während diese allein aus politischen Gründen nicht mehr gelten sollte. In einem anderen Fall sieht sich ein Kollege mit dem Verfassungsschutz und einem Disziplinarverfahren konfrontiert, weil ihm „Kontaktschuld" mit Akteuren sowohl aus einem als linksextrem als auch aus einem als rechtsextrem eingeschätzten Bereich vorgehalten wird.

Tabelle 1: *Angegebene Gründe für die Eskalation des Dienstverhältnisses (generalisiert). Quelle: eigene Erhebung im Rahmen der Studie „Entlassung oder öffentliche Degradierung von Professorinnen und Professoren in Deutschland, Österreich und der-Schweiz", Stand: Juni 2023.*

Persönliche attribuierte Gründe	gesamt		weiblich		männlich	
Führungsfehlverhalten	14	30%	10	40%	4	18%
Ideologische Unbotmäßigkeiten	8	17%	1	4%	7	32%
Schlechterfüllung	7	15%	5	20%	2	9%
Ausführungsfehlverhalten	2	4%	1	4%	1	5%
Manifeste Gründe						
Wissenschaftliches Fehlverhalten	2	4%	1	4%	1	5%
Straf- o. arbeitsrechtliche Gründe	-	-	-	-	-	-
sonstige Gründe	11	23%	7	28%	4	18%
keine Angabe	3	6%	-	-	3	14%
gesamt	47	100%	25	100%	22	100%

Insgesamt lässt sich festhalten, dass die Entlassung von Professoren erst seit 2018 als „Phänomen" auftritt. Davor gab es einzelne Entlassungen, die meist mit „Schlechterfüllung", „Ausführungsfehlverhalten" und dann zunehmend mit „Führungsfehlverhalten" begründet wurden. Ab 2018 dominiert der Vorwurf des Führungsfehlverhaltens und betrifft vor allem Frauen. 2021 taucht die „ideologische Unbotmäßigkeit" als Entlassungsgrund zum ersten Mal auf; hier sind vor allem Männer betroffen. Darüber hinaus zeigt sich, vor allem in den neueren Fällen, dass entweder mehrere Gründe angegeben werden oder im Vorfeld von Seiten der Hochschulleitung eine Art „Suchbewegung" erfolgt, die dann in der Eskalation des Dienstverhältnisses aus diesem oder jenem Grund mündet.

Fazit

Es lässt sich konstatieren, dass die Entlassung von Professoren aus Gründen, die weder dem Strafrecht noch dem allgemeinen Arbeitsrecht zugeordnet werden, zunehmen. Eine Entlassung jenseits von gesetzlich festgelegten Gründen ist in jedem Fall (auch außerhalb der Wissenschaft) fragwürdig. Im universitären Bereich stellt das Grundrecht auf Wissenschaftsfreiheit eine weitere erhebliche Hürde dar, die eine Entlassung aus leichtfertigen Gründen verhindern sollte. Als „leichtfertig" verstehen wir eine Entlassung, wenn diese aus Gründen erfolgt, die von Hochschulleitungen freihändig definiert werden und / oder eine Tatsachenfeststellung vermissen lassen, die rechtsstaatlichen Grundsätzen genügt.[3]

Bei einer Entlassung aufgrund „ideologischer Unbotmäßigkeit" ist der Eingriff in die Wissenschaftsfreiheit un-

---

3 Egner, Heike & Anke Uhlenwinkel (2021): Zur Rechtsstaatlichkeit universitätsinterner Verfahren bei Entlassung oder öffentlicher Degradierung von Professor*innen. Ordnung der Wissenschaft, 3 (3), 173–184.

mittelbar einsichtig. Jedoch stellt auch eine Entlassung aufgrund eines (teils anonym vorgetragenen) Vorwurfs, der auf die Person des Professors abzielt (Führungsfehlverhalten, Schlechterfüllung, Ausführungsfehlverhalten), eine Gefahr für die Wissenschaftsfreiheit dar, da nicht nur der entlassenen Person die Möglichkeit genommen wird, weiterhin wissenschaftlich zu arbeiten, sondern dies als Signal von den Kollegen verstanden wird. Um die Wissenschaftsfreiheit – oder auch die Meinungsfreiheit allgemein – weiter einzuschränken, bedarf es dann keiner formal zuständigen Zensurbehörde: „Das erledigen die eingeschüchterten Kollegen von selbst".[4]

---

4 Wagener, Martin (2022): Die praktischen Grenzen der Wissenschaftsfreiheit: ein persönlicher Erfahrungsbericht. In: Schulze-Eisentraut, Harald & Alexander Ulfig (Hg.): Angriff auf die Wissenschaftsfreiheit. Wie die Cancel Culture den Fortschritt bedroht und was wir alle für eine freie Debattenkultur lernen können. München: fbv, 187–204 (S. 203).

BIOGRAPHIE

Prof. Dr. Heike Egner, geboren 1963 in Heidelberg, Geographin, freie Wissenschaftlerin und Mediatorin.
Studium der Publizistik, Politikwissenschaft und Geographie an der Johannes Gutenberg-Universität Mainz. Promotion und Habilitation in Geographie an der Universität Mainz, danach Vertretungs- und Gastprofessuren in Frankfurt am Main, Kassel, München, Innsbruck, Wien. Ab 2010 Universitätsprofessorin in Klagenfurt, wo sie 2018 aufgrund von anonymen Vorwürfen entlassen wurde.
eMail: heike.egner@gmx.net,
Website: *www.heike-egner.net*

Prof. Dr. Anke Uhlenwinkel, geboren 1963 in Bremen, seit 2021 Univ.-Prof. für Didaktik der Geographie und Wirtschaftskunde an der Paris-Lodron-Universität Salzburg. Studium der Geographie, Anglistik, Politik und Pädagogik an der Georg-August-Universität Göttingen. Referendariat und vierjährige Schulpraxis. Promotion und Habilitation an der Universität Bremen. Ab 2008 Professur für Geographiedidaktik an der Universität Potsdam, wo sie 2013 mithilfe eines im Hochschulgesetz nicht kodifizierten Verfahrens nicht entfristet wurde.
eMail: anke.uhlenwinkel@plus.ac.at

Seit 2020 betreiben Heike Egner und Anke Uhlenwinkel das Forschungsprojekt „Entlassung oder öffentliche Degradierung von Professorinnen und Professoren im deutschsprachigen Raum".

Väter des Nichts. Zum Wahn einer Neuschöpfung der Welt

Claudia von Werlhof

Zusammenfassung der Zusammenfassung

„Väter des Nichts" ist der Titel meines Lebenswerks, in dem das neue Paradigma der „Kritischen Patriarchatstheorie" zur Erklärung der heutigen Weltkrise und ihrer Entstehungsgeschichte seit der Antike formuliert und auf die wesentlichen zivilisatorischen Verhältnisse angewandt wird. Der Versuch des Patriarchats als Zivilisation, die Naturordnung umzustürzen und eine angeblich bessere Neuschöpfung der Welt über sogenannte" Väter" und ihre Techniken durchzusetzen, führt tatsächlich aber nicht in ein neues Paradies, sondern stattdessen in die bewusste Zerstörung der Welt, in das „Nichts". Das Projekt und seine maschinellen „Schöpfungs"-Technologien, die inzwischen auch die Menschen selbst erreicht haben, müssen also so schnell wie möglich aufgegeben werden.

Väter des Nichts. Zum Wahn einer Neuschöpfung der Welt
Zusammenfassung

Wie kann es sein, dass die lebendige Natur überall auf der Welt systematisch vernichtet wird? Warum merkt es niemand, dass diejenigen, die Rettung versprechen, völlig ungeeignete, ja kontraproduktive Maßnahmen dagegen vorschlagen? Weshalb lassen sich die Menschen mehr und mehr von sich selbst und der Natur, der sie ja angehören, entfremden? Wo liegt die Quelle all der Verwirrung? Warum wird Letztere nicht erkannt und nichts dagegen unternommen? Wieso ist moderne Technik so umweltfeindlich? Kurz: Warum zerstört die Zivilisation der Moderne ihre eigene Welt?

Ich gehe diesen Fragen nach: mit Blick zurück in die ferne Vergangenheit und nach vorn, in die nahe Zukunft. Meine Erkenntnisse sind erschreckend, denn sie bedeuten, dass die Menschheit angezählt ist: Vor unseren Augen und dennoch unerkannt vollzieht sich die Realisierung eines utopischen patriarchal-alchemistischen Projekts allumfassender Transformation, deren Ziel es ist, die gegebene Natur durch eine durch „Väter" geschöpfte und deshalb angeblich höhere und bessere zu ersetzen. Die Leitidee hierzu wurde bereits in der Antike formuliert, nachdem die friedliebenden matriarchalen Gesellschaften gewaltsam vernichtet worden waren. Mit den jüngsten technologischen Innovationen erreicht die Entwicklung nun ihren Höhepunkt und droht im Omnizid zu kulminieren, dem unumkehrbaren „Nichts".

Indem ich die Thesen und ganz neuen Begriffe der von mir entworfenen „Kritischen Patriarchatstheorie" gesamtwissenschaftlich überprüfe und belege, entfaltet sich ein nicht einfach nur inter-, sondern prädisziplinäres Paradigma. Denn ich zeige in aller Deutlichkeit auf, dass die „Väter des Nichts" angetreten sind, dem Ursprung von allem durch die Mütter, die originären Schöpferinnen des Lebens, einen „väterlichen Ursprung" – „pater arché" – entgegenzustellen, also „mater arché" durch „pater arché" zu ersetzen. Damit, so behaupten die „neuen Schöpfer", wollen sie für „mehr Qualität" und ein „besseres Leben für alle" sorgen.

Das patriarchale Megaprojekt zielt auf die Umwälzung aller zivilisatorischen Verhältnisse ab: des Naturverhältnisses in Gestalt von Ökonomie und Technik, des politischen Verhältnisses sowie des Geschlechter-, Generationen- und Transzendenzverhältnisses. Dabei lässt sich, von den Anfängen im hellenistischen Ägypten aus gesehen, eine erstaunliche Kontinuität über alle Epochen hinweg nachweisen: Die antike Alchemie als Methode – respektive Technik im Sinne eines allgemeingültigen Standardverfahrens – soll die Verwirklichung des Vorhabens gewährleisten. Mehrere Exkurse in beiden Bänden widmen sich verschiedenen Disziplinen und historischen sowie zeitübergreifenden Phänomenen – beispielsweise dem Zusammenhang von Alchemie und kapitalistischer Ökonomie oder der „Hexenverfolgung", welche den Hass auf Frauen und Mütter, ja alles Lebendige, offenlegt, der aufgrund der herrschenden „Patriarchatsblindheit" aber so gut wie nie erkannt wird.

Die antike Alchemie geht auf den „Hermetismus" zurück, welcher die alte, matriarchale Alchemie mit ihrer Imitation der Naturprozesse in eine patriarchale Alchemie verwandelte, bei der die vorhandene Natur zerlegt und aufgelöst wird, „mortifiziert", also getötet bzw. unterworfen, um auf der Grundlage dieser Zerstörung und durch Zusammensetzung mit anderen Materien etwas Neues, ein „Großes Werk", entstehen zu lassen, ein künstlich geschaffenes „Gold" oder „Leben", also „Wertvolleres", als die verwendeten Materialien – somit die Natur – zu bieten hätten. Gesucht wurde zudem nach dem sogenannten „Stein der Weisen", einem Mittel, welches das Gelingen des Werks immer garantieren soll. Sowohl dieses alchemistische „Standardverfahren" als auch dessen prominente Vertreter werden im ersten Band, dem historischen Teil, vorgestellt, ebenso etliche Denker bzw. Wissenschaftler aus Neuzeit und Moderne als „Alchemisten".

In Europa führte die Übernahme der Alchemie im ausgehenden Mittelalter und der frühen Neuzeit schließlich zur modernen Naturwissenschaft und Technik sowie zur Erfindung der Maschine als „Naturersatz", welche ebenso wie die von ihr dringend benötigte und auch sonst allseits hochgeschätzte „Energie" einem „Stein der Weisen" gleichkommt. Technik im Patriarchat ist damit immer „Alchemie".

Mit der zunehmenden Maschinisierung erfährt der Prozess eine weitere Dynamisierung. Auch die heutige, „neoalchemistische" Naturwissenschaft proklamiert eine „bessere" Konstruktion der Welt sowie eine „verbesserte", „zweite" Natur bzw. „optimierte" Alternativen.

Die Tötung der ursprünglichen Natur aber – notwendige Voraussetzung ebenso wie Folge der Neuschöpfungen – wird nicht wahrgenommen. Solcherart findet eine Verdrängung dessen statt, was immer umfassender vor sich geht: die Zerstörung des Lebendigen sowie seine Nicht-Ersetzbarkeit.

Heute sind alle zivilisatorischen Verhältnisse dem Nihilismus der alchemistischen Transformation unterworfen, sodass die patriarchale Moderne als sich ausbreitende Megamaschine mit dem Charakter eines „Alchemistischen Kriegssystems" betrachtet werden muss.

Inzwischen ist auch der Kern des Lebendigen erreicht und irreversibel angegriffen worden durch die ultimativ alchemistische Zerlegung der Materie bis in ihre kleinsten Bestandteile – in Moleküle, Atome, subatomare Strukturen und Nanopartikel –, welche die Technologien der sogenannten „vierten industriellen Revolution" kennzeichnet.

Angesichts der jüngsten „Neuschöpfungen" zeige ich auf, welche Gefahren durch den „technischen Fortschritt", durch Biotechnologien, künstliche Intelligenz, Nanotechnologie und Mind Control für den Menschen heraufziehen, während auf der Makroebene mit der „Militäralchemie" Geoengineering die Transformation unseres Planeten vor sich geht, die jegliches irdische Leben bedroht. Das Lebendige selbst ist noch nie künstlich herstellbar gewesen, und doch fällt niemandem auf, dass das alchemistische Projekt gescheitert ist – scheitern muss/te. Denn die Natur lässt sich weder hintergehen noch mit Gewalt ersetzen, so sehr dies von den Protagonisten auch gewollt und immer wieder behauptet wird. Bleibt am Ende die Erkenntnis, dass die Ideologie, ja Religion des Patriarchats und seine Gewalt kollektiv unbewusst sind und als alternativlos vorausgesetzt werden? Gibt es überhaupt eine Option, der herrschenden „Apokalypseblindheit" noch rechtzeitig gewahr zu werden? Ja, meine ich. Es gibt trotz der laufenden Dystopie auch einen Hoffnungsschimmer: Ein Erkennen der wahren Motive hinter dem System durch einen Perspektivenwechsel, nämlich wieder hin zur Beachtung der irdischen Realität – Basis einer postpatriarchalen Zivilisation –, könnte ein erster Schritt zur Abkehr, ja Umkehr sein. Erst dann nämlich würden die Natur und mit ihr die Menschen in ihrer schöpferisch-kreativen Lebendigkeit anerkannt, wodurch unsere Zivilisation mitsamt allen Wissenschaften, der Ökonomie, Technik und Politik, dem Geschlechter- und Generationenverhältnis sowie spirituelle Traditionen vom Alchemistischen Kriegssystem erlöst wäre, von zerstörerischen Transformationen und hybriden Wahnvorstellungen – und unser Denken, Wollen, Fühlen und Handeln wieder frei von Verwirrung, Entfremdung und Verkehrung.

Quellen:
Werlhof, Claudia von: Väter des Nichts. Zum Wahn einer Neuschöpfung der Welt, 2 Bde, Höhr-Grenzhausen, Zeitgeist 2024

BIOGRAPHIE

Prof. Dr. Claudia von Werlhof, geboren
1943 in Berlin, 1988 O. Univ. Prof. für
Frauenforschung und Politikwissenschaft, Institut für Politikwissenschaft,
Sozial- und Wirtschaftswissenschaftli-
che Fakultät der Universität Innsbruck,
Österreich, dem 1. Frauenforschungs-
lehrstuhl im Lande, Emerita 2011.
Dipl. Volkswirt 1968, Dr. rer. pol. Soziologie 1974, Univ. Köln, Habilitation Politikwissenschaft 1984, Univ. Frankfurt
a.M. Wiss. Ass. Fakultät für Soziologie,
Univ. Bielefeld 1975-1986. .Empirische
Forschungen in Lateinamerika. Mit-
begründerin des „Bielefelder Ansatzes"
und der internationalen „Frauenforschung". Gründerin „Kritische Patriarchatstheorie", *www.fipaz.at* und
www.pbme-online.org.

Schwerpunktthema:
„Klima, zwischen Naturwissenschaft und Religion“

Zur Vorlesungsreihe „Klima"

Max Ruppert

Einleitung

„Alle reden über das Wetter, aber keiner unternimmt etwas dagegen". Das hat Karl Valentin, der berühmte bayerische Komiker und Philosoph einst scherzhaft gesagt.

Doch das ist womöglich heute kein Scherz mehr. Es wird definitiv etwas gegen das Wetter unternommen und das bereits seit vielen Jahren. Es gibt Wettermanipulationen im großen Stil. Wenn wir also vom menschengemachten Klimawandel sprechen, dann müssen wir das auch im Zusammenhang mit dem sogenannten Klima-Engineering tun. Darunter versteht man den vorsätzlichen und großräumigen Eingriff in Kreisläufe der Erde durch Technik mit dem Ziel, das Wetter - bzw. auf lange Sicht auch das Klima - zu beeinflussen. Inwiefern diese Eingriffe langfristig Einfluss haben, ist noch nicht ausreichend belegt. Das sollte meines Erachtens Gegenstand der Forschung sein und nicht von wilden Spekulationen.

Dass es einen Klimawandel gibt, leugnet keiner. Der Einfluss des Menschen auf den Klimawandel wird von einigen unserer Dozenten sogar belegt. Ich persönlich bin grundsätzlich bei allen Erzählungen zum Thema Klimawandel skeptisch, da diese aus meiner Sicht viele noch unbeantwortete Fragen aufwerfen.

Ich kritisiere es, dass Menschen, die von den offiziellen Erzählungen abweichen, mit Begriffen wie „Klimaleugner" etikettiert werden. Es gibt den Klimawandel. Das ist eine Wahrheit, die kein vernünftiger Mensch leugnet. Und gleichwohl nachweislich hat es eine negative Wirkung auf Mensch und Tier, wenn wir großflächig Regenwälder abholzen, und auch das bestreitet keiner. Darüber hinaus gibt es allerdings viele Erzählungen, die widerlegt oder mindestens nicht bestätigt werden konnten. Grundsätzlich betrachte ich es als eine Aufgabe der Wissenschaft, offenen Fragen zu begegnen sowie auch Fragen zu stellen.

Die gängigen Erzählungen zum menschengemachten Klimawandel basieren auf einer reinen Modellwelt. Die Vorstellung, dass durch Modelle und einzelne Experimente, die allein dem Zweck der Verifizierung dieser Modelle dienen, die Wahrheit feststellbar wäre, trifft aus meiner Erfahrung als Ingenieur meistens nicht zu. Die Vorlesungsreihe „Modellkunde, eine Kunst des Denkens" von Prof. Bernhard Thalheim bestätigt meine Erfahrung und stellt diese darüber hinaus auf eine vertiefte wissenschaftliche Grundlage. Eine entsprechende Erkenntnis wurde bereits von Karl Popper formuliert. Ein gutes Klima-Modell würde sich nach Popper demnach dadurch auszeichnen, dass eine Falsifikation möglich ist, ja diese sogar seitens der Wissenschaft angestrebt wird. Will heißen: Ich möchte die Modellgrenzen aufgezeigt bekommen! Aber das passiert nicht. Vielmehr wird in den Klimamodellen immer feiner diskretisiert, also immer detailreicher mit immer mehr Rechenleistung gearbeitet. Und so wird unter Umständen eine Genauigkeit der Ergebnisse suggeriert, die es gar nicht gibt.

Erwartungshaltung

Die Erwartungen an die Vorlesungsreihe „Klima, zwischen Naturwissenschaft und Religion" sind sehr unterschiedlich: Die einen möchten, dass endlich eine faktenbasierte Aufklärung stattfindet. Andere wiederum möchten das Thema auf eine breite Diskussionsbasis gestellt wissen. Es gibt freilich auch Menschen, die bereits viel zu wissen glauben und einfach nur ihre Sicht auf die Dinge bestätigt bekommen wollen. Das kann ich alles gut verstehen, aber ich möchte gerne sagen, was mich persönlich zum Thema „Klima" umtreibt:

Motivation

Es ist - was die naturwissenschaftlichen Fakten betrifft - alles bereits gesagt, wahrscheinlich nur noch nicht von jedem; um erneut Karl Valentin zu zitieren.

Die gängige Erzählung von der im Zuge der Industrialisierung vom Menschen verursachten Erderwärmung ist durch Fakten ausreichend und bereits seit langem widerlegt. Gemeinsam mit meinen natur- und ingenieurwissenschaftlichen Kollegen kann auch ich nichts Neues liefern. Dennoch behaupten „Die Politik", „Die Medien" und „Die Wissenschaft" das krasse Gegenteil: Die Erderwärmung sei Ergebnis des CO_2-Anstiegs und dieser sei vorwiegend vom Menschen verursacht. Mal brennt die Erde bald, mal ersäuft sie demnächst; siehe „Erzählungen vom Gardasee". So oder so: „Die Klimakatastrophe steht unmittelbar bevor!" Alles widerlegbare Falschaussagen.

CO_2 spielt eine wesentlich geringere Rolle auf die Erderwärmung als uns von manchen Experten weisgemacht wird. Klar wird es in manchen Regionen wärmer, aber es wird auch andernorts kälter. Einige Kälterekorde sind seit Wetteraufzeichnung im vergangenen Winter sogar gebrochen worden.

Was wir erzählt bekommen, wirkt auf mich bisweilen als Panikmache. Und es wird mit dem Klimawandel mittlerweile auch sehr viel Geld verdient. Ob alle klimapolitischen Maßnahmen immer berechtigt sind, und ob diese überhaupt eine Wirkung haben, stelle ich stark in Frage. Was den Klimawandel betrifft, würde ich die Zukunft eher entspannt sehen.

Ich selbst stelle mich aber nicht als Experte für Klimaphysik vor, obschon ich mich damit befasst habe, um mir eine eigene Sicht auf das Thema zu erarbeiten. Es ist auch gut, dass ich hier eine gewisse Distanz zum Thema habe. So kann ich einiges durch genügend Entfernung erkennen, was die echten Experten nicht mehr sehen, weil sie einfach zu nah dran sind. Beispielsweise die Frustration unserer beiden Experten Dr. Fleischmann und Prof. Kirstein, die mit ihrem Faktenwissen die Menschen nicht mehr zu erreichen scheinen. Das heißt aber nicht, mit dem Vermitteln wissenschaftlicher Erkenntnisse aufzuhören, im Gegenteil.

Ich werde oft gefragt, wie man einfach die gängige Klimaerzählung widerlegen, oder mindestens ins Wanken bringen kann. Dazu ein einfaches Beispiel: Schauen wir uns die durch den Rückgang des alpinen Gletschers freigelegten, hunderte Jahre alten Bäume an. Sind die etwa damals unter dem Eis gewachsen? Das halte ich für unwahrscheinlich. Viel wahrscheinlicher ist, dass die Baumgrenze einst höher war als heute. Und dann wurde es eben wieder kälter und der Gletscher wuchs drüber, der jetzt am Ende einer Eiszeit natürlich wieder zurückgeht. So erklärt sich auch, warum Hildegard von Bingen mit Pflanzen und Kräutern zu tun hatte, die wir heute aus eher wärmeren Regionen kennen: Es war einfach wärmer im 12. Jahrhundert. Mir selbst ist das auch erst so richtig klar geworden, als ich eine Vorlesung an der Akademie der Denker über die Ernährungsmedizin nach Hildegard von Bingen von Dr. med. Elke Haase-Hauptmann gehört habe.

Schlüsselfragen

Es gibt also außerhalb der Naturwissenschaft viele Fragen, die uns zum Selbstdenken anregen können: Wie kam es dazu, dass die Wissenschaft und die Medien auf manche wie gleichgeschaltet wirken? Warum wird derart fanatisch gegen sogenannte Klimaleugner vorgegangen, obwohl diese gar nicht das Klima leugnen - wie denn auch? Weshalb ziehen immer mehr Menschen Parallelen zur Corona-Krise? Woher kommt das Mediengebrüll, diese Propaganda? Handelt es sich bereits um eine Klimareligion? Welche Mechanismen wirken in unserer Gesellschaft, sodass die Menschen einen offensichtlichen Schwachsinn nachplappern? Wem nutzt die Klimaerzählung? Wer profitiert davon? Sind wir bereits kurz vor der Ökodiktatur? Gibt es noch einen Ausweg?

Das sind die Fragen, die sich viele Menschen schon seit längerem stellen. Und die Antworten sind nicht einfach. Es geht mir persönlich nicht darum, vollumfassend auf jede dieser Fragen eine - vielleicht auch noch einfache - Antwort zu bekommen. Das erwarte ich nicht. Ich erlebe die Akademie der Denker als einen Ort, an dem sich Menschen trauen, diese und weitere Fragen zu stellen, mit einem ungefilterten Expertenkreis zu behandeln, tabufrei zu diskutieren und die Dinge ohne Denkverbote auszusprechen. Und daher bliebe ich guter Dinge.

Referenten

Für die Vorlesungsreihe hat die Akademie der Denker unter anderem als Referenten folgende Persönlichkeiten gewonnen: Den Sozialwissenschaftler von der Hochschule München Günter Roth; die Sprachwissenschaftlerin Kateria Stathi von der Uni Münster; die Klimaexperten Bernd Fleischmann; die Naturwissenschaftler Anke Uhlenwinkel und Werner Kirstein; den katholischen Theologen und Politikwissenschaftler Felix Dirsch; den Experten für Geopolitik Andreas Popp; den Sektenausstiegsberater und Schriftsteller

Marcus Zeller; den Journalisten und Kommunikationswissenschaftler Michael Meyen von der LMU München; den Wissenschaftsphilosophen Michael Esfeld von der Universität Lausanne; den „Wetteradler" Paul Schlie und viele mehr.

Somit kann das Thema einem Studium Generale gemäß aus unterschiedlichen Perspektiven zwischen Naturwissenschaft und Religion betrachtet werden. Dadurch entwickeln wir uns persönlich durch den Gewinn neuer, individueller Erkenntnisse weiter.

BIOGRAPHIE

Prof. Dr.-Ing. Max Ruppert, geboren 1972 in München, gründete die Akademie für freie Wissenschaften UG (haftungsbeschränkt) Anfang Mai 2022. Die Akademie der Denker ist ein Angebot dieses Unternehmens.
Herr Ruppert ist Professor an der Technischen Hochschule Ingolstadt und unterrichtet dort die Grundlagen der Ingenieurwissenschaften.

Klimakrise als Höhepunkt technokratischer Krisenpolitik: Weitere Aushöhlung oder Ende der Demokratie?

Günter Roth

Einführung

Mit dem Szenario einer ultimativen ‚Klimakrise' nehmen politische Forderungen zu, Freiheit und Demokratie im Interesse der ‚Zukunftssicherung' einzuschränken. Dieses schließt an Entwicklungen der Corona-Pandemie (2020 bis 2022) an, als sich unter den Schlachtrufen „Folgt der Wissenschaft" und „Wir halten zusammen" das Volk mehrheitlich hinter der Regierung (mit ihren ausgewählten Expertinnen und Experten) sammelte. Im politischen Ausnahmezustand einer krisenbedingten Machtkonzentration bei der Regierung folgten fundamentale Einschränkungen der Demokratie (Freiheit, Mitbestimmung und Kontrolle). Dazu kamen autoritäre Aggressionen gegen abweichende, protestierende oder sich nicht impfen wollende Menschen, die als „Covidioten" oder „Sozialschädlinge" diskriminiert und ausgeschlossen wurden. Der wachsende Autoritarismus (Unterwerfung, Konformität und Aggressionen gegen Abweichende) ist aber nicht nur eine Folge von Angst und Krisenwahrnehmungen, vielmehr Ausdruck eines neuartigen ‚technokratischen Autoritarismus' unter den Zeichen des vermeintlich einzig ‚Wahren oder Guten', der besonders bei der politischen Linken und akademisch gebildeten, jüngeren Menschen verbreitet ist. Im Beitrag wird zunächst der Hintergrund wachsender Krisenkonstruktionen betrachtet, mit einem kritischen Blick auf die Konstruktionen der ‚Klimakrise'. Danach folgt eine

Analyse der Entwicklung und des Hintergrunds technokratisch-autoritärer „alternativloser" Krisenpolitik. Dabei zeigt sich eine wachsende krasse Ungleichheit und Polarisierung der Gesellschaft, mit einem hegemonialen akademischen ‚Bloc Bourgeois' an der Macht, der schon lange vielfach gegen den Willen des politisch und öffentlich weitgehend marginalisierten ‚einfachen', arbeitenden Volks regiert. Mit der ‚Klimakrise' droht sich diese bedrohliche Spaltung und die Erosion der Demokratie noch weiter zu verschärfen.

Hintergrund wachsender Krisenwahrnehmungen

Was ist eine ‚Krise' und wie haben sich Krisenwahrnehmungen entwickelt?

Historisch zurückblickend, wird berichtet, dass zuerst die Medizin seit dem 14. Jahrhundert den griechischen Begriff „Krisis" (für Unterscheidung, Meinung, Urteil oder Entscheidung) zu einer Frage der Entscheidung über Leben oder Tod zugespitzt habe, was bis zum 19. Jahrhundert in den militärischen Sprachgebrauch und in Staatstheorien überging (vgl. Graf 2020), zumal damals der Staat in Analogie zum menschlichen Körper gedacht wurde und Sorgen vor einem ‚kranken Volkskörper' verbreitet waren.[1] Einer der wirkmächtigsten ‚Krisentheoretiker' war Karl Marx, mit seinen Thesen einer zwangsläufigen konflikt- und krisenhaften Entwicklung der kapitalistischen Gesellschaft. Zwar trafen dessen Prognosen nur teilweise zu, aber angesichts von Revolutionen, Weltkriegen und globalen wirtschaftlichen ‚Krisen' wie 1929 oder 2017/18 bleibt seine ‚Krisentheorie' bis heute wirkmächtig. Dazu zeigt ein Blick auf die Häufig-

---

1 Siehe z.B. die Rhetorik in der Fachwelt der Sozialen Fürsorge der 1920er Jahre, in der sog. ‚Asoziale' als Gefahr für den ‚gesunden Volkskörper' ausgemacht wurden (vgl. Roth 1999, 74).

keit des Vorkommens des Begriffs ‚Krise' für den Zeitraum von 1800-2019, dass dieser ab ca. 1930 stark zunahm, um bis Mitte der 1950er Jahre eher zu stagnieren und seitdem rasant anzusteigen (mit Höhepunkten ca. 1973, 1989 und 2015), siehe beispielsweise die Häufigkeit des Begriffs „Crisis" bei Google-Books, *https://books.google.com/ngrams/*.

‚Kultur der Angst' in der ‚Risikogesellschaft'

Angesichts der Beobachtung, dass zusehends alle gesellschaftlichen Bereiche (von A wie Arbeit bis Z wie Zusammenhalt, über Bildung, Demokratie, Finanzen, Staat oder Wirtschaft) mit ‚Krise' assoziiert werden, konstatierte Frank Furedi eine ‚Kultur' oder ein ‚Jahrhundert der Angst' (vgl. Furedi 1997; vgl. Graf 2020). Ulrich Beck wählte den Begriff ‚Risikogesellschaft' (Beck 1993), zum einen aufgrund wachsender Risiken durch Technologien wie Atomenergie, Chemie usw., was alle Grenzen und Vorstellungen überschreitet, zum anderen durch ständige dynamische gesellschaftliche Veränderungen und daraus folgender Verunsicherung, als ‚Modernisierung', ‚Individualisierung', Verlust an Traditionen, Zusammenhalt, Vorhersehbarkeit usw. Wie auch immer diese Entwicklung auf den Begriff gebracht oder gedeutet wird, ist klar, dass Ängste und Risikowahrnehmungen allgegenwärtig sind:

„Fear is not simply associated with high-profile catastrophic threats such as terrorist attacks, global warming, AIDS or a potential flu pandemic; rather, as many academics have pointed out, there are also the 'quiet fears' of everyday life. ... Today's free-floating fear is sustained by a culture that is anxious about change and uncertainty, and which continually anticipates the worst possible outcome. This 'culture of fear', as I and others have called it, tends to see human experience and endeavour as a potential risk to our safety. Consequently, every conceivable experience has been transformed into a risk to be managed." (Furedi 2007)

Mit den wachsenden Risiken wachsen aber auch die technischen, ökonomischen und politischen Möglichkeiten des ,Risikomanagements', in dessen Zentrum der ,Sozial- oder Wohlfahrtsstaat als allgegenwärtiger ,Krisenmanager' und Garant von Wohlfahrt steht, obwohl dieser zugleich selbst ständig Risiken schafft, definiert und fördert.

Der Sozial- und Wohlfahrtsstaat als ,Krisenmanager'

Der ,Sozial- oder Wohlfahrtsstaat' entwickelte im Verlauf des 20. Jahrhunderts wachsende Fähigkeiten des Risikomanagements, mit immer mehr Personal, Ausgaben und Einrichtungen zur Daseinsvorsorge, gesundheitlicher, sozialer Sicherung, Erziehung, Bildung, ,Inklusion' usw. (vgl. Ewald 1993; Kaufmann 2003; Ritter 2012). Es entstand ein zusehends alle Lebensbereiche durchdringender (kapitalistischer) ,Wohlfahrtsstaat' als Garant für Sicherheit und Wohlfahrt, von der Wiege bis zur Bahre. Auf der einen Seite ist dessen enorm mächtige ,harte rechte Hand', mit riesigen Sicherheitsapparaten (Militär, Polizei usw.), womit dieser überwachen, kontrollieren, disziplinieren, bestrafen und nicht zuletzt töten kann.[2] Nicht minder mächtig, ja vielleicht noch mächtiger ist aber auch dessen ,weiche linke Hand', mit dem die ,öffentliche Ordnung' und ,Wohlergehen' fördernden, helfenden, sorgenden, erziehenden und bildenden Erziehungs- und Bildungswesen, Sozial- und Gesundheitswesen usw.[3]

Das wohlfahrtsstaatliche ,Risikomanagement' ermöglicht

---

2 Bzgl. Gewaltarsenalen ist allen voran und mit großem Abstand die USA zu nennen, die mit fast 900 Mrd. $ (2022) alleine 39% der gesamten Militärausgaben der Welt bestreiten (vgl. https://www.sipri.org).
3 Das Bild der ,rechten und linken Hand des Staates' ist von Pierre Bourdieu entlehnt (vgl. 1998, 93 ff.).

somit die erstaunliche ‚Resilienz' des Kapitalismus, der aus jeder ‚Krise' gestärkt hervorzugehen scheint (vgl. Boltanski und Chiapello 2001).

Sozialwissenschaften als Krisenwissenschaften

Unter den immer zahlreicheren Dienenden des (kapitalistischen) Staates beobachten und entdecken vor allem die Sozialwissenschaften als ‚Krisenwissenschaften' (Sewing 1983) ständig ‚Soziale Probleme' (als Probleme der öffentlichen Ordnung und Herrschaft, wobei die Sozialwissenschaften oft nur von staatlichen Verwaltungen aufgeworfene Probleme „ratifizieren") (Bourdieu 1998, 96). Ein Problem kann als Differenz zwischen einem ‚Soll' und ‚Ist-Zustand' verstanden werden, d.h. Sozialwissenschaften beobachten, überwachen und konstruieren Normen. Als einer der ersten analysierte Émile Durkheim als Mitbegründer der Soziologie das Problem der ‚Anomie' arbeitsteiliger, marktgesteuerter (kapitalistischer) Gesellschaften und den daraus entstehenden funktionalen Übergang von ‚mechanischer' zur ‚organischen' Solidarität, womit der Zusammenhalt in der modernen, arbeitsteiligen Gesellschaft nicht schwächer werde, im Gegenteil, weil dem Staat, „von dem wir immer stärker abhängen", „die Aufgabe zuwächst, uns an das Gefühl gemeinsamer Solidarität zu erinnern" (Durkheim 1893, 258). Dazu tragen aber nicht zuletzt die Heerscharen privater gemeinnütziger, staatlich geförderter Organisationen bei, wie Rotes Kreuz, Greenpeace, Oxfam, samt den Stiftungen Superreicher wie Gates, Omidyar oder Zuckerberg, welche wiederum mit internationalen, staatsnahen Organisationen wie Weltbank, WHO oder dem Intergovernmental Panel on Climate Change (IPCC) die Rationalisierung, Normierung und Institutionalisierung einer Weltgesellschaft oder, Global

Governance' begründen (vgl. Meyer u. a. 1997).

Medien und „Krisenwahrnehmungen"

Dazu kommen Medien oder Kommunikationsunternehmen, die zur Wahrnehmung und ‚Konstruktion' sozialer Probleme und Krisen beitragen.[4] Dieses geschieht in einer wettbewerblichen Ökonomie, wobei primär um Aufmerksamkeit konkurriert wird, die umso höher ausfällt, je ungewöhnlicher und problematischer Ereignisse wahrgenommen werden und je mehr Menschen betroffen sind (vgl. Lengauer, Esser, und Berganza 2012; vgl. Meyen 2015, vgl. 2018; vgl. Soroka und McAdams 2015). Die ständige Jagd nach ‚Sensationen' kann Krisenwahrnehmungen somit künstlich aufblähen oder erzeugen: So wird heute über Unwetter, die früher kaum der Rede wert waren, intensiv berichtet, mit ‚breaking news', ‚Live-Berichten' ,vor Ort' usw., was Medien schon deshalb machen müssen, weil es die Konkurrenz macht (vgl. Meyen 2009, 2015, 2018). Medienschaffende können sich solchen Zwängen kaum entziehen, sodass bei Terroranschlägen wie ‚9-11', Kriegen oder Covid-19 die immer gleichen Schreckensnachrichten und Bilder auf allen Kanälen in einer Art Dauerschleife laufen, selbst wenn keine neuen Informationen vorliegen oder Bewusstsein durch die Wirkung von Bildern vernebelt wird (s. die irreführend interpretierten Bilder mit Transporten von Särgen aus Bergamo). Eine medial derartig in Atem und Angst gehaltene Gesellschaft tendiert zudem dazu, Risiken und Gefahren durch Terroranschläge, Covid-19 usw. systematisch zu überschätzen und die Häufigkeit des Medienkonsums, vor allem bewegter Bilder, korreliert signifikant positiv mit (übertriebenen) Ängsten, z.B.

---

4 Diese Organisationen, Personen oder ‚Netzwerke' liefern Informationen und Meinungsaustausch, wobei sie als ‚vierte Gewalt' zudem der politischen Kontrolle dienen (vgl. Grotz 2021, 211 ff.).

vor Terrorismus oder Covid-19 (Nellis und Savage 2012; Sasaki u. a. 2020). [5]

Krisenszenarien und die Konstruktion der „Klimakrise"

Krisenszenarien zwischen Interessen und wissenschaftlicher Hybris'

Wissenschaftliche Krisenszenarien bestimmen immer mehr politische Entscheidungen, wie jüngst in der ‚Corona-Pandemie'. Dass dabei ökonomische wie politische Interessen einwirken, wird meist verkannt, ebenso wie der Umstand, dass wissenschaftliche Expertinnen und Experten nach Anerkennung, Macht und Geld streben und politisch nicht objektiv sowie fehlbar sind. Ein Lehrbeispiel stellen die Krisenszenarien des ‚demographischen Wandels' dar, wobei die ‚Expertinnen' und ‚Experten' seit langem ein Schrumpfen der Bevölkerung in Deutschland voraussagten, was durch die unterschätzte Zuwanderung konterkariert wurde, ohne das ‚Prognosegeschäft' als solches zu erschüttern (Roth 2012). Welche Hybris in wissenschaftlichen Szenarien steckt, die weit in die Zukunft weisen und ein dynamisches gesellschaftliches Geschehen betreffen, verdeutlicht ein Gedankenexperiment: Angenommen, ‚Vorausberechnungen' zur Bevölkerungsentwicklung wären schon vor gut hundert Jahren angestellt worden, z.B. 1910 bis 1950/60, so wären diese schon durch den Ersten Weltkrieg entwertet worden. Eine Analyse des politischen Hintergrunds demographi-

5 In Umfragen in den USA zeigten sich z.B. regelmäßig etwa die Hälfte der Befragten besorgt, dass sie selbst oder jemand von ihrer Familie ein Opfer von Terroranschlägen werden könnten (kurz nach ‚9/11' waren es sogar ca. 60%, vgl. Gallup-Institut). Die Wahrscheinlichkeit, Opfer eines Terroranschlags zu werden, ist aber sehr gering: In den USA gab es von 1995 bis 2019 pro Jahr im Mittel 151 Tote durch Terroranschläge, bei ca. 318 Mio. Bürgerinnen und Bürgern (vgl. Global Terrorism Database). Ähnlich überschätzten viele die Sterblichkeit von COVID-19, z.B. in UK um ca. das Hundertfache (vgl. Telegraph vom 20.8.2020).

scher Krisenprognosen (u.a. mit der These der Krise und Reformbedürftigkeit der Alterssicherung) zeigt zudem, dass Wirtschaftslobbys, vor allem der Finanz- und Versicherungswirtschaft, hierbei treibende Kräfte waren, mit diversen ‚Think Tanks‘, nahestehenden Politikern, Medienvertretern usw. (vgl. Wehlau 2009). Im Übrigen erwiesen sich auch die jüngsten Szenarien in der ‚Corona-Krise‘, wie z.B. des ‚Imperial College London‘, als verfehlt und überzogen (Ioannidis, Cripps, und Tanner 2022; Ioannidis und Powis 2022). Wissenschaftliche Krisenszenarien sollten somit grundsätzlich skeptisch, vor dem Hintergrund ökonomischer oder politischer Interessen sowie als moderne Herrschaftstechnik betrachtet werden. Dieses gilt auch für die ‚Klimakrise‘, wobei aus der Finanzwirtschaft, der IT-Branche und von superreichen ‚Philanthropen‘ auffällig Spenden an die Klimaschutzbewegung fließen (Vighi 2023). Diese Aspekte sollen aber hier nicht weiter vertieft werden, ebenso wie keine Diskussion zum Klimawandel oder zur Klimapolitik an sich geführt wird. Betont sei zudem, dass mit den folgenden kritischen Analysen zur Konstruktion einer ‚Klimakrise‘, das Ziel einer ökologisch verträglichen Ökonomie nicht in Frage gestellt wird.

Gibt es einen Konsens ‚der‘ Wissenschaft zum Klimawandel und was folgt daraus?

Meist wird in den deutschen Medien behauptet, die These einer primär durch Menschen verursachten, dramatischen Klimaerwärmung werde unter naturwissenschaftlich Forschenden nicht in Frage gestellt. Dazu zeigt aber eine Analyse von ca. 3 Tsd. klimawissenschaftlichen Aufsätzen (peer-reviewed), dass dem willkürliche Interpretationen zugrunde liegen: So lehnen zwar tatsächlich sehr wenige Beiträge (N=4 oder < 0,2%) die herrschende These ab, der Großteil (70%), zeigt sich dazu aber neutral oder unsicher und nur 30% unterstützen diese explizit oder implizit (Dentelski u. a. 2023). Auch in einer Befragung aller naturwissenschaftlich zu Klimafragen forschender Professorinnen und Professoren in Deutschland bejahten zwar 63% (von 131 Antwortenden, ‚Response Rate‘ 40%), dass der Klimawandel der letzten 50 Jahre „überwiegend vom Verhalten des Menschen beeinflusst" sei (Hervorhebung, G.R); 30% der Antwortenden meinten aber, dass zu gleichen Teilen natürliche und menschliche Faktoren ursächlich seien, eine Person (1%) sagte sogar „überwiegend natürlich", 6%, das könne man nicht sagen (Post 2019). Im Übrigen ist Mehrheit oder Konsens in der Wissenschaft kein Beleg für ‚Wahrheit‘ und es genügt eine Studie oder ein Argument, um Annahmen zu widerlegen (Kuhn 1967). Gerade in der Umweltbewegung sollte zudem in guter Erinnerung sein, dass der wissenschaftliche ‚Mainstream‘ zur Atomenergie lange einhellig positiv war und kritische Thesen und Dissidenten durchweg diffamiert, tabuisiert oder ausgeschlossen wurden.

Gewissheit oder Unsicherheit in der Klimaforschung?
Weiter zeigt eine Inhaltsanalyse des 5. Berichts des sog. Weltklimarates (IPCC), dass 57% der darin enthaltenen Aussagen Hinweise zu Unsicherheit oder Wahrscheinlichkeiten enthielten, wobei 7,6% aller Aussagen (mit Angaben von Wahrscheinlichkeiten) unter der üblichen Irrtumswahrscheinlichkeit von < 5% blieben (vgl. Hassler, Maurer, und Oschatz 2016, 131). Der IPCC ignorierte aber offenbar den wissenschaftlichen Standard, dass Thesen mit einer Irrtumswahrscheinlichkeit >5% verworfen werden, indem z.B. Annahmen mit einer Irrtumswahrscheinlichkeit von 5-10% als

„sehr wahrscheinlich" klassifiziert wurden (Hassler, Maurer, und Oschatz 2016). Zudem wurden in Zusammenfassungen für politische Entscheidungsträger Aussagen als völlig sicher zugespitzt (Hassler, Maurer, und Oschatz 2016, 131 f.). Auch in einer Befragung von zu Klimafragen Forschenden in Deutschland bejahten nur ca. 20% der Antwortenden, dass die Voraussetzung der Berechenbarkeit des Klimas als Grundlage von Prognosen (präzise Modelle, Verständnis von Prozessen und empirische Daten) bereits erfüllt seien, 60-80% erachteten dieses zwar für die Zukunft als möglich, gut 20% meinten aber, dass Klimamodelle nie präzise genug werden könnten (Post 2019). Zudem bejahten 72% der befragten deutschen Forscherinnen und Forscher, dass der Öffentlichkeit deutlicher übermittelt werden sollte, dass viele Fragen des Klimawandels noch ungeklärt seien (Post 2016, 5). Insofern erscheint es fraglich, inwiefern der IPCC als wissenschaftliche oder als politische Interessenorganisation eingestuft werden sollte, wobei letzteres aber deren Objektivität und Glaubwürdigkeit untergräbt. Der Trend zur ‚engagierten' Wissenschaft scheint übrigens unaufhaltsam: So sieht es laut einer Befragung des Deutschen Hochschulverbandes sogar in den Naturwissenschaften bereits eine Mehrheit, insbesondere Jüngere, als Aufgabe der Wissenschaft, nicht nur Wissen zu generieren und zu verbreiten, sondern gesellschaftliche Probleme oder Missstände zu beheben, Debatten anzustoßen und politische Beratung zu leisten (Petersen 2021).

Klimawandel: Selektive Rezeption von Forschung durch Medien und Politik

In Medienberichten werden Aussagen des IPCC zum Klimawandel selektiv berichtet, so zeigen Inhaltsanalysen (vgl. Hassler, Maurer, und Oschatz 2016): Insgesamt wurden nur

37% der Aussagen des IPCC mit Angaben zu Wahrscheinlichkeiten oder Unsicherheiten in Medienberichten korrekt wiedergegeben, 43% ließen dieses weg, 17% schwächten die Angaben zur Unsicherheit ab, 4% verstärkten sie (ebd. S. 134). Das Unterschlagen trat umso häufiger auf, je größer die Unsicherheit der Aussagen im IPPC-Bericht war, was genau umgekehrt sein müsste (ebd. 135). D.h. es liegt eine bewusst verzerrte Medienberichterstattung zum Klimawandel vor (vgl. Hassler, Maurer, und Oschatz 2016). Besonders stark ist diese Tendenz bei links-liberal orientierten Medien, im Fernsehen und bei politischen Akteuren (vgl. Hassler, Maurer, und Oschatz 2016, 136).[6] Auch die Themenauswahl der ARD-Tagesschau folgt diesem Bias, während die im Volk vorrangigen wirtschaftlichen Sorgen in den Hintergrund rücken.[7] Entsprechend erhalten Klimaforschende in deutschen Medien viel mehr Resonanz, wenn sie die Unausweichlichkeit des Klimawandels betonen, während Forschende, welche Unsicherheit sehen, weniger Kontakte und Resonanz in Medien angeben (Post 2016, 2019). Der Kontakt zu Medien wird übrigens von Forschenden als förderlich für die eigene Karriere erachtet (Post und Ramirez 2018).[8] Insofern könnten durch die verzerrte Sicht von Medien Rückwirkungen auf die wissenschaftliche Forschung entstehen, was die Ergebnisse einer experimentellen Befragung nahelegen: Demnach würden die zu Klimafragen Forschenden Ergebnisse, welche

---

6 Diese Tendenz tritt eher in Europa als in den USA auf, was an der polarisierten politischen Kultur des Zweiparteiensystems liegen könnte oder am Einfluss der Ölindustrie, welche skeptische Positionen fördert (Maeseele und Pepermans 2017). Dem steht aber das Finanzkapital gegenüber, welches durch eine radikale Klimapolitik profitiert und Unterstützung für die Klimabewegung mobilisiert (Vighi 2023).
7 Vgl. *https://www.nzz.ch/visuals/tagesschau-klima-wichtiger-als-inflation-und-fluechtlings-krise-ld.1730650*
8 Medienkonzerne wie Reuters fördern Netzwerke von Aktivistinnen in Medien und Wissenschaft, wie z.B. das Oxford Climate Journalism Network von Reuters, kritisch: *https://dailysceptic.org/2023/12/28/bbc-disinformation-reporter-plans-six-month-sabbatical-to-go-on-climate-course-funded-by-green-billionaires/*.

den Klimawandel weniger dramatisch erscheinen lassen, zurückhalten, während sie Ergebnisse, welche den Klimawandel dramatischer erscheinen lassen, eher veröffentlichen würden (Post 2016). Dazu passt die Selbstanzeige eines Klimawissenschaftlers, er habe Ergebnisse im Sinne der herrschenden Meinung zugespitzt und gegenteilige Aspekte weggelassen, um die Chancen zur Annahme in einem Top-Journal zu erhöhen (Brown 2023).

Hintergrund: Tendenz zur technokratisch-autoritären Krisenpolitik

Permanente Krisenpolitik und die ‚Normalisierung' des Ausnahmezustands

Schon seit Jahrzehnten jagt in der Öffentlichkeit eine ‚Krise' mit immer neuen Schreckensnachrichten und -szenarien die andere: Kaum, dass die von 2020-2022 grassierende ‚Corona-Krise' durch den Krieg in der Ukraine abgelöst wurde, beherrscht der in ‚Nahost' eskalierende Krieg die Nachrichten. Damit taucht auch die 2015 die Nachrichten dominierende ‚Flüchtlingskrise' wieder auf und auch die ‚Krise der EU', samt Finanz-, Staatsschulden- oder Eurokrise bleiben virulent (vgl. Lepsius 2013). Dass Krisen und Ausnahmezustände quasi zum ‚normalen' Mittel der Politik in Demokratien wurde, zeigte sich paradigmatisch im seit ‚9-11' lancierten ‚Krieg gegen den Terror', womit Angriffskriege, Folter in extralegalen Gefängnissen und Tötungen ohne rechtsstaatliche Verfahren oder globale, Massenüberwachung legitimiert wurden (vgl. Agamben 2004; Förster 2017; Lemke 2017). Ausnahmezustände definieren sich dadurch, dass sich die Macht aufgrund von Krisenwahrnehmungen bei der Exekutive konzentriert und Freiheitsrechte, demokratische Partizipation und Kontrollen eingeschränkt werden (Agamben 2004; Lemke 2017).

Der Legitimation von Ausnahmezuständen dienen (tatsächliche oder konstruierte) existentielle Bedrohungen, die von außen kommen ('innere Feinde' gelten als nicht zugehörig), Freund-Feind-Denken und dringende Notwendigkeit sowie Effizienz des Handelns (Förster und Lemke 2016). In Krisen sammelt sich das Volk zudem hinter der Regierung ('rally round the flag) und belohnt entschlossene tatkräftige Führung, auch oder gerade, weil Recht und Gesetz ignoriert werden (vgl. Baekgaard u. a. 2020; Feinstein 2020).[9] Insofern kommt der Feststellung und Deutung von 'Krisen' eine überragende Bedeutung zu, wobei Regierungen über exklusive Informationen und Deutungsmacht verfügen.

Technokratische Krisenpolitik: 'There is no alternative'

Die Aushöhlung von Rechtsstaat und Demokratie unter den Zeichen von 'Krisen' reicht weit zurück, mindestens bis zur Wirtschaftskrise der 1970er Jahre, als Premierministerin Thatcher in Großbritannien mit der These „there is no alternative" eine beim arbeitenden Volk unpopuläre 'Spar- und Angebotspolitik' (zugunsten des Kapitals) durchpeitschte, was seitdem als eine Art Zauberformel zur Legitimation und Schuldabwälzung, von Mitte-Rechts- wie Mitte-Links-Regierungen benutzt wurde (vgl. Roth 2021b; Schäfer 2008; Séville 2017). Pierre Bourdieu bringt dieses auf den Punkt als „Spiel", „… bei dem die Mächtigen die Tendenz haben, die Wahrheit zu fingieren und den Glaubensvorstellungen und den Sicht- und Teilungsprinzipien, die sie durchsetzen wollen, vor allem auf dem Gebiet der Ökonomie, den An-

9 Zwar wurden in Deutschland Exekutivanordnungen ex-post durch Parlamente und Verfassungsgericht abgesegnet, die Verfassung blieb aber zunächst unbeachtet, indem z.B. informelle Runden von Bundes- und Landesregierungen wesentliche Entscheidungen trafen (vgl. J. Hirsch 2020; Kneip und Merkel 2022; Roth 2021a).

schein einer wissenschaftlichen Garantie, eines Stempels der Wahrheit zu geben versuchen. Sie beteuern ständig, die Wissenschaft sei auf ihrer Seite, die Nobelpreise seien auf ihrer Seite, so wie man früher Kriege führte und dabei rief: ‚Gott ist mit uns'. Und sie verlangen vom einfachen Volk, sich auf diejenigen zu verlassen, die kompetenter sind, die es besser wissen, die das Monopol der Handhabung der politischen Heilsgüter für sich beanspruchen, das Monopol der Definition des politisch Guten und Richtigen, im Namen des Kompetenz- und Wahrheitsmonopols." (Bourdieu 2001, 56)

Die Folge der technokratischen Krisenpolitik, insbesondere eine eklatant wachsende Ungleichheit, mit der relativen Verschlechterung der sozialen Lage ‚einfacher' Arbeitenden, ist wiederum die hauptsächliche Quelle wachsender politischer Verdrossenheit, Enthaltung und Rechtsdrift (Engler und Weisstanner 2020; Han 2016; Piketty 2018, 2019; Schäfer 2008).

Ungleiche Repräsentation und herrschender ‚Bloc Bourgeois'
Als Hintergrund muss zuallererst die Tatsache berücksichtigt werden, dass die Auswahl und soziale Zusammensetzung herrschender Eliten hochgradig verzerrt ist: So haben 87% der Mitglieder des 20. Deutschen Bundestags einen akademischen Abschluss, ‚einfache Arbeitende' oder ärmere Menschen kommen hier kaum vor (*vgl. https://www.bundestag.de/dokumente/parlamentsarchiv/datenhandbuch/03*).

Ähnliche Verzerrungen finden sich für praktisch alle gesellschaftlichen Bereiche, u.a. in Wirtschaft oder Verwaltung (vgl. Hartmann 2007, 2009, 2013).

Auch Medienschaffende haben durchweg eine akademische (meist polyglotte) Sozialisation durchlaufen und stammen vorwiegend aus privilegierten sozialen Schichten (vor

allem der Bildungsbourgeoisie), woraus ähnliche Lebensweisen, Habitus und Einstellungen resultieren, während das
‚einfache Volk' auch hier kaum aktiv vertreten ist (vgl. Lueg
2012; Raabe 2005).

Da sich hochrangige Journalistinnen und Journalisten wiederum häufig in der Nähe politischer oder ökonomischer
Eliten aufhalten (bei Konferenzen und internationalen Organisationen oder Think Tanks' wie ‚Weltwirtschaftsforum',
‚Atlantikbrücke', Weltbank, IPCC usw., bei Empfängen,
Preisverleihungen, Festen usw.), überrascht die große Über-
einstimmung politischer Ansichten von Spitzenjournalisten
und Regierungen nicht, wie es Uwe Krüger für die Außen-
und Sicherheitspolitik aufzeigte (vgl. Krüger 2015). Besonders bei Fragen von Krieg und Frieden oder in Krisen wie
Covid-19 stützen große Leitmedien weitgehend die Sichtweisen von Regierungen (vgl. Maurer, Reinemann, und Kru-
schinski 2021; Meyen 2021; vgl. von Rossum 2020).[10]

Nicht zuletzt fördern ‚Karriereanreize' und Privilegien die
oft unbewusste Anpassung von Medienschaffenden, indem
‚Hintergrundinformationen', ‚Exklusivinterviews'[11], Aufträge
zur Moderation oder Stellen bei der Regierung als Sprecherin
oder Sprecher winken oder die Begleitung im Regierungsflie-
ger.[12] Ähnliche Strukturen, Anreize und Druck zur Anpassung
wirken nicht zuletzt in der Wissenschaft, deren Aufträge und
Gelder in erster Linie vom Staat oder ‚Big Business' kommen
(oder ‚gemeinnütziger' Stiftungen von Superreichen).

---

10 Siehe den Schweizer Medienkonzern Ringier, deren Führung eng mit der Regierung bzgl. der ‚Corona-Politik' kooperierte und interne Vorgaben dazu erließ (vgl.
https://www.nachdenkseiten.de/?p=79486; vgl. den ‚Insiderbericht' bei: *https://multipolar-
magazin.de/artikel/die-mainstream-blase)*.
11 Zur Informationspolitik durch Bundeskanzlerin Merkel in der Corona-Krise kritisch: *https://www.nzz.ch/international/corona-angela-merkels-fragwuerdige-medienpolitik-in-
krisenzeiten-ld.1715145*;
12 Siehe z.B. das entlarvende ‚Selfie' und die Twitter-Nachricht einer jungen Spiegel-
Journalistin vor dem Flugzeug der Außenministerin, kritisch dazu: https://www.
nachdenkseiten.de/?p=86544.

Konzentration und Verzerrung von Informationsmärkten

Auch in an sich freien Gesellschaften kann sich Propaganda als Mehrheitsmeinung durchsetzen, indem unauffällige ‚Filter' wirken, während eine gewisse Vielfalt an Meinungen innerhalb von Grenzen des Zulässigen randständig erhalten bleibt (vgl. Bourdieu 1999; Chomsky und Herman 2006; Meyen 2021, 2023; Zollmann 2019). Zuallererst wirkt dabei die enorme Konzentration an Kapital: „Pressefreiheit ist die Freiheit von zweihundert reichen Leuten, ihre Meinung zu verbreiten", so der Journalist Paul Sethe (Meyen 2021).

Zwar sind ökonomische Interessen konkurrierend, es gibt aber auch Gemeinsamkeiten, wie ‚freie' Märkte, wozu z.B. Springer ein Bekenntnis in Arbeitsverträgen verlangt (Meyen 2021, vgl. Kap. 5, Fußnote 33). Insgesamt ist eine erhebliche Konzentration von Meinungsmärkten ein Problem für eine freiheitlich-demokratische Gesellschaft: In Deutschland decken nur fünf Konzerne über 54% des ‚Meinungsmarkts' (Internet, Fernsehen, Radio, Zeitungen) ab, die öffentlich-rechtlichen (staats- und regierungsnahen) Anstalten ca. 30% (vgl. Deck und Kluser 2021)[13]. Extrem ist die Konzentration bei Nachrichtenagenturen, wo nur eine Handvoll international tätig ist, deren Beiträge oft global übernommen werden (vgl. KEK 2021, 181). Auch der Informationsmarkt Internet ist hoch konzentriert, schätzungsweise 84% aller Suchanfragen im Internet entfallen auf ‚Google'[14] und 86% der gesamten Nutzung auf 0,003% der Domains (vgl. Deck und Kluser 2021; KEK 2021, 17). Google, YouTube etc. unterdrücken oder zensieren zudem exzessiv Informationen wie in der ‚Corona-

---

13 So bestimmt der Staat Rahmenbedingungen (Finanzierung, Recht) und ist auch in Leitungen (Rundfunkräte und Verwaltungsräte) vertreten, auch wenn direkte Einflussnahme selten ist, , z.B. in der Corona-Krise (vgl. z.B. *https://multipolar-magazin.de/artikel/ich-kann-nicht-mehr, https://www.nachdenkseiten.de/?p=80112*).
14 *https://de.statista.com/statistik/daten/studie/225953/umfrage/die-weltweit-meistgenutzten-suchmaschinen/*

Krise' (vgl. Hofbauer 2022, 2023; Klöckner 2021; Roth 2023b).

Eine ähnliche Konzentration lässt sich auch für wissenschaftliche Publikationen zeigen, wo fünf Konzerne über 50% der Publikationen abdecken, mit starkem US-Bias (Larivière, Haustein, und Mongeon 2015).

Insofern spricht alles dafür, dass das ‚Wissen der Welt' keineswegs politisch neutral bereitgestellt wird. Besonders die Sozialwissenschaften sind politisch links und links-liberal ausgerichtet (Honeycutt und Jussim 2023), was auch für IT-Programme wie ‚Chat-GPT' aufgezeigt wurde (Rozado 2023; Sullivan-Paul 2023).

Zwischenfazit: „Government of the People, by the Elite, for the Rich"

Die vorstehende zugespitzte Überschrift ist einer Studie zur ‚politischen Responsivität' zwischen 1980 und 2013 entliehen und bescheinigt eine Art Bankrotterklärung der Demokratie: Demnach wurden die politischen Forderungen von Reichen (samt Beamten und Selbständigen) viel eher wahrgenommen und durchgesetzt, besonders bei umstrittenen Fragen wie der Renten- und Arbeitspolitik (‚Riester-Reform', ‚Hartz-Reform') (Elsässer, Hense, und Schäfer 2016, 2018). Teilte die reichste Einkommensgruppe einhellig eine politische Forderung, wurde diese mit einer Wahrscheinlichkeit von 80% durchgesetzt, waren Reichere mehrheitlich dagegen, sank die Chance der Realisierung auf ca. 20 Prozent; wurde dagegen eine Forderung in der ärmsten Einkommensgruppe mehrheitlich unterstützt, sanken deren Chancen der Durchsetzung (ähnliches gilt für den Medianwähler) (Elsässer, Hense, und Schäfer 2016, 2018).

Die Schlagseite oder faktische Aushöhlung der Demokratie bleibt den Massen der politisch marginalisierten Unterklassen nicht verborgen. So sieht in einer repräsentativen Umfrage in Deutschland etwa ein Drittel der Bürgerinnen und Bürger eine „Scheindemokratie" und nur eine kleine Minderheit die Möglichkeit, politisch Einflusses zu nehmen oder dass die Regierung ihre Interessen wahrnehme (vgl. ausführlich: Roth 2021b).

Neuer Autoritarismus als Gefahr für Freiheit und Demokratie

Autoritarismus unter den Zeichen des vermeintlich „Wahren und Guten"

Seit längerem werden politische Entscheidungen mit Verweis auf vermeintlich unausweichliche Sachzwänge und Krisen als ,alternativlos' durchgepeitscht (siehe Thatcher, Schröder oder Merkel). Dieses Muster technokratisch-autoritärer Krisenpolitik erreichte in der ,Corona-Krise' seinen vorläufigen Höhepunkt (Roth 2021a, 2023a). Dabei gab es in vielen Ländern, besonders aber in Deutschland, eine Aufwallung an autoritären, technokratischen Einstellungen in der Bevölkerung (Amat, Arenas, und Falcó 2020; Filsinger und Freitag 2022; M. Hirsch 2022; Maher u. a. 2022; Wüstner 2022; Lavezzolo, Ramiro, und Fernández-Vázquez 2022; Cena und Roccato 2023).

Der wachsende Autoritarismus, mit der Tendenz zu Konformität und Aggressionen gegen Abweichende (v.a. gegen nicht geimpfte Menschen), war besonders stark bei Menschen mit großer Angst vor Covid-19, höherer Bildung und politischer Linksorientierung (Bor, Jørgensen, und Petersen 2023; M. Hirsch 2022; Maher u. a. 2022; Manson 2020; Peng 2022; Roth 2023a). Noch mehr als Angst war aber für die Zunahme autoritärer Haltungen das Dogma ausschlaggebend, ,der' Wissenschaft folgen und Solidarität üben zu müssen (vgl. Cena und Roccato 2023; M. Hirsch 2022; Lavezzolo, Ramiro, und Fernández-Vázquez 2022; Peng 2022). Insofern zeigt sich eine neue Art des Autoritarismus, der politisch von links kommt und der von seinen Protagonistinnen nicht als solcher verstanden wird, weil doch nur ‚der' Wissenschaft, ‚Vernunft' oder dem moralisch scheinbar eindeutig Gebotenen gefolgt werden soll, sodass jegliche Kritik reflexhaft als unvernünftig, unsolidarisch oder rechts diskriminiert und ausgeschlossen wird (ausführlich: Roth 2023a). Dabei zeigten viele Äußerungen gerade von jenen, die sich sonst so vehement gegen Diskriminierung, Hass und Gewalt wenden, erschreckende Züge mangelnder Toleranz, Hass und Verachtung, z.B. gegenüber nicht geimpften Menschen, die u.a. als „Sozialschädlinge" bezeichnet wurden, worauf die ganze Republik mit dem Finger zeigen solle (vgl. Klöckner und Wernicke 2022; *https://ich-habe-mitgemacht.de*).[15]

Verengung der Meinungsfreiheit und Polarisierung entlang kultureller ‚Konfliktlinien'

Eine regelmäßige repräsentative Umfrage zur Meinungsfreiheit in Deutschland zeigt entsprechend alarmierende Tendenzen der Unfreiheit: Demnach bejahte jüngst nur noch eine Minderheit von 40%, dass man seine politische Meinung in Deutschland frei sagen könne, eine relative Mehrheit von 44% der Antwortenden meinte, dass es besser sei, vorsichtig zu sein (1990 waren das nur 16%) (Petersen, Schatz, und Schmidt 2023). Dahingehende Sorgen äußern besonders formal gering Gebildete und politisch eher Rechtsorientierte (Anhängerinnen und Anhänger von AfD und FDP), während

---

15 Eine grüne Politikerin, selbst erklärte Spezialistin für Antidiskriminierung, meinte am 6.12.2021, dass sie impfunwilligen Menschen „gern kommentarlos aufs Maul hauen würde" (ebd.), der Soziologe Heinz Bude meinte am 7.12.21 dazu besonders perfide: „Die kann man nicht nach Madagaskar verfrachten. Was soll man machen?", womit er implizit auf die Deportationspläne der Nationalsozialisten anspielte (ebd.).

75% der Anhängerinnen und Anhänger der Grünen meinten, man könne in Deutschland frei reden (Petersen, Schatz,
und Schmidt 2023). Die am häufigsten genannten Themen,
bei denen besser vorsichtig sein sollte, sind Islam, Patriotis-
mus und Gleichberechtigung von Frauen.

Ganz offenbar liegt hier eine Art Kulturkampf oder eine
Konfliktlinie zugrunde um die gesellschaftliche Liberalisie-
rung und Internationalisierung, wobei auf der einen Seite die
besonders stark akademisch geprägten Vorreiter der Grünen
stehen, dem als Gegenpol die AfD entgegensteht, und zwar
alleine auf weiter Flur (nur die FDP-Wählenden verorten sich
noch knapp neben der Mitte, eher kritisch bzgl. Migration
und EU-Integration) (vgl. Grande 2018, z.B. Schaubild 4, S.
32). Dazu verschärfte sich die Einschränkung der Meinungsfreiheit und Polarisierung in der ‚Corona-Krise‘, wobei z.B.
eine Befragung ergab, dass nur 25% der Antwortenden bejahte, dass abweichende Wissenschaftlerinnen oder Wissenschaftler überhaupt angehört werden sollten, nur 21%, dass
Medien kontroverse Inhalte bringen sollten und nur 12%,
dass kritische Inhalte nicht zensiert werden sollten (71% der
Antwortenden waren Studierende) (vgl. Wüstner 2022), ein
Alarmsignal für eine sich als freiheitlich verstehende Gesellschaft.

Autoritarismus, Konformität und Einschränkung der Mei-
nungsfreiheit an Hochschulen

Autoritarismus und Konformismus, samt Aggressionen
gegen Abweichende, unter den Zeichen des vermeintlich
einzig Wahren und Guten, grassieren offenbar besonders
an und ausgehend von Hochschulen. So fand es laut einer
repräsentativen Befragung von Studierenden nur eine Minderheit von 38% nicht akzeptabel, Hinweise auf eine Veran-

staltung zu entfernen, um gegen Redner an der Hochschule zu protestieren, die der Ansicht sind, dass Migration nach Deutschland zu Problemen im Sozialsystem führen und es nötig erscheint, sie zu begrenzen; 35% fanden dieses Verhalten absolut oder eher akzeptabel, 27% teilweise (Hinz, Mozer, und Strauß 2023, 20). Besonders intolerant sind politisch linksorientierte, jüngere und weibliche Studierende, so eine Befragung an der Universität Frankfurt (wobei insgesamt ca. 80% der Befragten sich als linksorientiert verorteten und Linke (38%), Grüne (24%) oder SPD (16%) wählten) (Revers und Traunmüller 2020). Entsprechend äußerten (die wenigen) politisch mittig bis rechtsorientierten Studierenden (und Männer) häufiger die Erfahrung und Sorge, für politischen Meinungen angegriffen zu werden und dass sie sich diesbezüglich zurückhielten (letzteres galt allerdings eher für Frauen als für Männer) (Revers und Traunmüller 2020). Zurückhaltung bei politischer Meinungsäußerung bejahte insgesamt etwa ein Drittel aller Studierenden, wobei erneut Fragen von ‚Gender‘ und Identitätspolitik eine vorrangige Rolle spielten (Revers und Traunmüller 2020). Dass zuletzt auch die Bestreitung des Klimawandels in der Hochschule heftigen Widerstand hervorrufen würde, bejahten in einer Befragung 70% der dazu antwortenden Professorinnen und Professoren oder Habilitierten (Petersen 2021).

Technokratisch-autoritäre Klimaschutzbewegung als Gefahr für die Demokratie

Die Thesen des menschengemachten Klimawandels bewegen vor allem jüngere, akademisch gebildete Menschen, die meist weiblich sind und aus oberen Schichten stammen (vgl. Buzogány und Scherhaufer 2023; Sommer u. a. 2019). Dagegen hat die Mehrheit der Bevölkerung primär wirtschaftliche

Sorgen (vgl. Atkinson, Skinner, und Gebrekal 2023), vermutlich noch mehr in weiten Teilen der Welt. Die Ängste vor einem vermeintlichen Weltuntergang, wie es im Begriff „Last Generation" zum Ausdruck kommt, bringt entsprechende radikale Forderungen hervor, auf dem festen Glauben an ‚die' Wissenschaft beruhend, ungeachtet wissenschaftlicher Kontroversen oder Unsicherheit.

Allen voran offenbart Greta Thunberg, Gründerin der Bewegung ‚Fridays for Future' einen „technokratischen Ökozentrismus" einer einseitig vereinfachenden, ‚manichäischen' Weltsicht, woraus sie nicht verhandelbare politische Forderungen ableitet (vgl. Zulianello und Ceccobelli 2020): „Mit Physik kann man keine Deals machen", so erklärte sie dazu kategorisch (ARD-Tagesthemen, 16.10.2020). Das identische ‚Totschlagargument' benutzte übrigens auch Bundeskanzlerin Merkel, um harte Freiheitseinschränkungen in der ‚Corona-Krise' durchzusetzen („Das Virus verhandelt nicht", vgl. Generalanzeiger 22.3.21). Schließlich erklärte Roger Hallam, Mitgründer der Bewegung ‚Extinction Rebellion' kurzerhand Demokratie sogar für „irrelevant, wobei er eine übergeordnete Moral reklamierte und ein Recht auf Widerstand: „Wenn eine Gesellschaft so unmoralisch handelt, wird Demokratie irrelevant." (Der SPIEGEL vom 13.9.2019).

Fazit und Ausblick

Technokratisch-autoritäre Tendenzen als Gefahr für die Demokratie kommen aber nicht nur aus der radikalen Klimaschutzbewegung und studentischen, links-grünen Milieus, auch Vertreter der deutschen Bundesregierung spielen offen mit mehr oder weniger autoritären Gedanken. So forderte bereits Gesundheitsminister Lauterbach: „Somit benötigen wir Maßnahmen zur Bewältigung des Klimawandels, die analog zu den Einschränkungen der persönlichen Freiheit in der Pandemie-Bekämpfung sind" (Die Welt 27.10.2020).

Das bedeutet eine Art präventiver Ausnahmezustand und ‚Lock-Down' im Interesse des ‚Klimaschutzes', mit Maßnahmen wie Ausgangssperren, Versammlungsverboten, rigiden Verhaltensregeln für das tägliche Leben, samt straffer polizeilicher Kontrollen und Strafen, und zwar ohne zeitliche Begrenzung. Dabei setzt auch das Bundesverfassungsgericht den autoritären Aufwallungen offenbar keine Grenzen, indem es z.B. bei der Prüfung von Corona-Maßnahmen Grundrechtskonflikte einseitig auslegte und strikt der Regierung mit ihren ausgewählten Expertinnen und Experten folgte, ohne kontroverse wissenschaftliche Sichtweisen einzubeziehen (vgl. Hamed 2022; Kämmerer und Jischkowski 2020; Knieps 2020; Lucenti 2023). Dazu hat das hohe Gericht mit seiner sog. ‚Klimaentscheidung' bereits einen großen Spielraum für zukünftige, präventive Freiheitseinschränkungen im Interesse des Klimaschutzes legitimiert und damit die ‚Büchse der Pandora' des Ausnahmezustands weiter geöffnet (24. März 2021, 1 BvR 2656/18).

So enthält der Leitsatz 1b quasi unbegrenzte Möglichkeiten antizipativer Freiheitseinschränkungen, ungeachtet wissenschaftlicher Kontroversen oder Unsicherheit: „Besteht wissenschaftliche Ungewissheit über umweltrelevante Ursachenzusammenhänge, schließt die durch Art. 20a GG dem Gesetzgeber auch zugunsten künftiger Generationen aufgegebene besondere Sorgfaltspflicht ein, bereits belastbare Hinweise auf die Möglichkeit gravierender oder irreversibler Beeinträchtigungen zu berücksichtigen."

Damit können Freiheitsrechte auf bloßen Verdacht und im fiktiven, konstruierten Interesse nicht geborener Menschen eingeschränkt werden, wobei das BVerfG bei dieser Entscheidung wissenschaftliche Sichtweisen wieder selektiv auswählte und kritische Stimmen ausblendete (vgl. Vahrenholt und Lüning 2021). Zuletzt zeigt die Ankündigung von Bundeskanzler Olaf Scholz (SPD) zu Beginn seiner Regierung, wie weit der autoritäre Furor in der Corona-Krise gediehen ist (Die Zeit 2.12.21): „Für meine Regierung gibt es keine roten Linien mehr bei dem, was zu tun ist. Es gibt nichts, was wir ausschließen. Das kann man während einer großen Naturkatastrophe oder einer Gesundheitskatastrophe wie einer Pandemie nicht machen. Der Schutz der Gesundheit der Bürgerinnen und Bürger steht über allem." Damit offenbart der Bundeskanzler eine tendenziöse Interpretation des Grundgesetzes, das durchaus ‚rote Linien' vorsieht und kein ‚Supergrundrecht' des Gesundheitsschutzes, vielmehr angesichts der historischen Erfahrung die Achtung der Menschenwürde und Freiheit an erster Stelle führt. Aus der historischen Erfahrung des Abrutschens der Demokratie in ein autoritäres System haben alle Deutschen laut Art. 20 Abs. 4 das Recht auf Widerstand, gegen „jeden, der es unternimmt, diese Ordnung zu beseitigen". Dieses Recht gilt allerdings nur, „wenn andere Abhilfe nicht möglich ist" (ebd.), was, trotz aller Einschränkungen und Aushöhlung der Demokratie derzeit noch kaum ernsthaft behauptet werden kann. Eine Restauration der Demokratie, d.h. eine Minderung ihrer Schlagseite durch mehr direkte, effektive Partizipation des Volkes ist aber dringend nötig.

Quellen:
Siehe Webseite des Autors: *https://einfachkompliziert.de/*

BIOGRAPHIE

Prof. Dr. rer. soc. Günter Roth ist Diplom-Verwaltungswissenschaftler. Seine Schwerpunktthemen, in denen er forscht und zahlreich veröffentlicht, sind: Sozialpolitik, Sozialmanagement, Soziale & politische Ungleichheit, Politische Bildung und Theorie der sozialer Felder (Pierre Bourdieu).
Er lehrt als Professor der Hochschule München an der Fakultät für angewandte Sozialwissenschaften Sozialmanagement und Sozialpolitik.

Die Macht systemischer Unüberschaubarkeit und Mehrdeutigkeiten. Das Klimaparadigma und seine Bestandteile im Rahmen des Great Reset

Felix Dirsch

Nicht zuletzt die totalistisch-irrationalen Momente des Klimaparadigmas eignen sich in praktischer Hinsicht ideal für eine Instrumentalisierung. Wer die Diskussionen der letzten rund 20 Jahre verfolgt, der wird nicht bestreiten, dass „Klima" so gut wie alles ist und in alle Bereiche des Lebens hineinragt. Das Thema, einst Arbeitsgebiet von akademischen Spezialisten, hat eine weltweite Signifikanz bekommen, die jeder Beschreibung spottet.

Man hat, vielleicht etwas überspitzt, vom Klimaparadigma als der letzten großen Erzählung gesprochen. Diese Redeweise spielt auf das „Ende der großen Erzählungen" an, gemeint sind die Ideologien. Sie kamen nach einem letzten Höhepunkt in den 1960er und teilweise in den 1970er Jahren in West wie (etwas später) Ost in die Krise. Autoren der so genannten Postmoderne (wie Jean-Francois Lyotard) brachten diesen unübersehbaren Niedergang auf den Begriff und resümierten: Auch die kommunistische Ideologie sei nicht in der Lage, die nationalsozialistische ohnehin nicht, die Komplexität der modernen Lebenswelt adäquat abzubilden. Diese Unfähigkeit ist wenig erstaunlich, wenn man bedenkt, dass die theoretischen Grundlagen der modernen Ideologien im 18. wie 19. Jahrhundert liegen.

Angesichts der Unmöglichkeit, mit komprehensiven Beschreibungen die immer differenziertere Wirklichkeit darzustellen, verwundern die neuen Anläufe, die in dieser Richtung immer wieder unternommen werden. Im Zuge der narrativen Machtergreifung des Klimawandels ist eine ganze Ratgeberliteratur erschienen, die von unzähligen medialen Beiträgen, die längst Züge einer Gehirnwäsche angenommen haben, flankiert wird. Dazu zählen Hinweise auf „klimaneutrales" Essen, Reisen, Arbeiten und so fort, ökosexuelle Verhaltensweisen eingeschlossen. Selbst private Gedanken zur Familienplanung werden tangiert. Soll man noch CO_2-Schleudern in die Welt setzen? Von einer negativen Beantwortung dieser Fragen sind Vorstellungen zum Demozid nicht mehr weit, die im ökologischen Diskurs seit Jahrzehnten auf eine moralisch nicht unproblematische Traditionslinie verweisen können. Die „Bevölkerungsbombe" (Paul R. und Anne Ehrlich) müsse, so das gängige Postulat seit Jahrzehnten, entschärft werden. Unabhängig von solchen Extremforderungen fällt der umfassende Anspruch der Klimabewegten auf: Die weibliche Inkarnation des Homo climaticus, Greta Thunberg, hat schon vor Jahren den totalitaristischen Anspruch des Klimaaspekts pointiert: „Wir müssen jeden Zentimeter unseres Seins auf den Klimawandel fokussieren".

Die Erkenntnis ist nicht mehr neu, dass einige Rituale im Umgang mit der Erderwärmung herkömmlichen religiösen Verhaltensmustern korrespondieren: Im modernen Zusammenhang stellt das Kohlendioxid den Sündenfall dar, für den (auch finanzielle) Abbitte zu leisten ist. Natürlich tauchen wieder einmal (diesmal sehr säkulare) Propheten auf, die der Menschheit ins Gewissen reden. Nicht zu Unrecht hat man von Thunberg als „Ikone einer postchristlichen Ersatzreligion" (Jonas Glaser) gesprochen. Etliche Publikationen beschäftigen sich mit den Facetten der „Klimareligion".

Zu den religiösen beziehungsweise pseudoreligiösen Aspekten des sehr weiten Feldes „Klimas" gehört die irrational-endzeitliche Dimension, die in der medialen Thematisierung spätestens seit Ende der 2010er Jahre in den Vordergrund rückt. Die Geschichte Europas (und darüber hinaus) kennt eine größere Zahl von Endzeitbewegungen, die angesichts des Weltuntergangs öfters mit gewalttätigen Mitteln vorgegangen sind. Exemplarisch ist auf die Wiedertäufer von Münster in der frühen Neuzeit zu verweisen, ebenso spielte in den Bauernkriegen das apokalyptische Moment keine unwesentliche Rolle. Bereits das Mittelalter kannte entsprechende Perioden, die von eschatologischen Vorstellungen stark geprägt waren, deren politische Implikationen oft herausgestellt wurden.

Heute machen zum Teil gewalttätige Gruppierungen wie die „Letzte Generation" und „Extinction Rebellion" vermehrt auf ihre Anliegen aufmerksam. In diesen Kreisen wird nicht selten ein „Klimakampf" propagiert, der mit allen Mitteln zu führen sei und auch Leichen billigend in Kauf nimmt. Die Signatur des Zeitgeistes ist über diese Aktionen hinaus stark von Untergangsstimmungen geprägt. Wenngleich die Furcht vor einem Atomkrieg jüngst wieder gewachsen ist, war in öffentlichen Debatten lange Zeit fast ausschließlich von der Klimaapokalypse und der Angst vor ihr die Rede. Nicht zuletzt unter dem Vorwand der Abwendung des drohenden Untergangs werden in verschiedenen Städten Notstände ausgerufen.

Parallel zur einseitigen medialen Präsentation hat sich die begriffliche Konnotation in den letzten Jahren merklich verschoben. Vom Treibhauseffekt ist immer weniger die Rede. Weiter erscheint der vorherrschenden Meinung der Ausdruck „Klimawandel" als zu allgemein und „Erderwärmung" als verharmlosend. „Klimakrise" soll auf die angeblich schicksalshafte Wendezeit verweisen, in der wir uns befinden und die uns vermeintlich nur noch ein enges Zeitfenster lässt. Noch angemessener erscheint die Darstellung als „Klimakatastrophe". Alles ist angesichts dieser Lage scheinbar erlaubt, auch Gewalt. Was sind Säureattentate auf Kunstwerke, wenn ohnehin demnächst alles infolge von Stürmen, Überflutungen und Hitzewellen zerstört wird? Bald wird man behaupten, man könne angesichts des bevorstehenden witterungsbedingten Armageddon keine Kunstwerke mehr hervorbringen, wie Adorno einst in inflationär zitierten Worten Gedichte nach Auschwitz als Unding betrachte hatte.

Es wäre erstaunlich, wenn sich nicht auch die Rechtsprechung von der allgemeinen Hysterie anstecken ließe. Ende 2023 wurde das Urteil eines Berliner Gerichts bekannt. Dieser Beschluss verurteilte die klimabewegte Ampel-Bundesregierung dazu, ein Klima-Sofortprogramm in den Bereichen Verkehr und Gebäuden umzusetzen. Zwar wissen auch die Richter des Oberverwaltungsgerichts Berlin-Brandenburg mitsamt der Vorsitzenden Richterin nicht, wie das politisch, finanziell und technisch zu schaffen ist. Aber immerhin hat man ein Zeichen gesetzt, das helfen soll, dem drohenden Abgrund zu entkommen. Andere sollen sich mit der praktischen Umsetzung herumschlagen. Die Damen und Herren Juristen haben ihre Aufgabe mit gutem Gewissen erledigt. Vielleicht werden sie ja ob eines solchen Symbolurteils berühmt!

Thema für eine eigene, umfangreiche Abhandlung sind die enormen, besonders finanziellen Konsequenzen, die sich aus einer bestimmten Sichtweise der Erderwärmung ergeben. Sie führen direkt zur Problematik der Umverteilung hin zu einer überschaubaren Zahl von Superreichen, deren Machtzuwachs vom Great Reset nicht getrennt werden kann. Viele Investitionen in Umwelt- und klimafreundliche Technologien versprechen enorme Rendite.

So betrachtet ergibt die Allianz globaler Großunternehmer mit linksgrünen Aktivisten Sinn – gerade im Hinblick auf schwindelerregende Profite. Die Vernetzungen untereinander sind schwer zu erhellen. Einer der vielen Stränge ist aber exemplarisch zu erwähnen. Verbindungen zwischen dem Vermögensverwalter BlackRock, wichtigen Regierungen wie derjenigen der Bundesrepublik und der Hewlett Foundation sind bereits öfters untersucht. Die Hewlett Foundation fördert den Umwelt- und Klimaaktivisten Hal Harvey. Er gründete Stiftungen wie die Climate Works Foundation, Climate Imperative Foundation, European Climate Foundation, die Stiftung Klimaneutralität, aber auch die Agora Energiewende. Diese war im Zusammenhang mit der Affäre um den Staatssekretär Patrick Graichen, einst Geschäftsführer der Denkfabrik, bekannt geworden. Vielfältige Querverbindungen (auch finanzieller Art) zu Greenpeace lassen sich zeigen.

Dass die globale Finanzindustrie längst die Klimapolitik entdeckt hat, hängt natürlich mit den attraktiven Gelegenheiten zusammen, Rendite zu erwirtschaften. Die neue Infrastruktur von Windrädern, Solaranlagen, Wärmepumpen, Elektroautos und vieles mehr setzte bereits viele Hunderte von Milliarden Dollar um und wird künftig wohl noch viel mehr abwerfen. Wenn Schwab die neuen Bündnisse bejubelt, so macht er etwas bekannt, was längst als Interessensgemeinschaft fungiert. Die grüne Transformation ist ein Kernstück der allgemeinen Transformation, die im Koalitionsvertrag der Ampelparteien von 2021 als zentrales Ziel formuliert wird.

Natürlich lebt die globale Finanzindustrie von ihren (im Regelfall engen) Kontakten zur politischen Führungsschicht. Im Westen ist das nicht allzu schwierig. In einer sich ausdifferenzierenden Weltordnung gibt es aber auch für diese außerordentlich einflussreichen Netzwerke Grenzen. Selbst für diese Schicht wachsen die Bäume nicht in den Himmel. Im Westen sind es primär klimaskeptisch-populistische Gruppierungen, die die Vertretung nationaler Interessen den globalistischen Zielsetzungen und Vorstellungen entgegenstellen. Dieser Widerstand ruft die Einsprüche linker Publizisten hervor, die offene Debatten um den „Klimaschutz" prinzipiell ablehnen.

Ungeachtet vieler aktivistisch-praktischer Momente und finanzieller Einfallstore ist das Klimathema ebenso auf der theoretisch-wissenschaftlichen Ebene zu untersuchen. Sie erweist sich gleichfalls als ergiebig. Der Grund dafür ist in den folgenden Überlegungen wenigstens skizzenhaft darzustellen.

Auffallend ist die systemische Ausrichtung und ungeheure Komplexität des Klimaparadigmas, von dem bestenfalls Teilbereiche adäquat zu überblicken sind. Ins Auge sticht die Vielfalt von wissenschaftlichen und praktischen Disziplinen, die direkt oder indirekt von der „letzten Erzählung" berührt werden: Meteorologie, (Atmosphären-)Physik, Medientheorie, Ökonomie, Filme, Dichtung, Politologie, Architektur, Geologie, Medizin, Psychologie, Geographie und viele weitere.

Einer der Gründe für diese Komplexität ist die Vielfalt der Größen, die auf unterschiedliche Weise auf das einwirken, was wir als Klima bezeichnen. Der Klimatologe Christian Schönewiese hat in einem sachlich gehaltenen Standardwerk zwei große klimabeeinflussende Bereiche unterschieden: extraterrestrische wie terrestrische Ursachen. Erstere umfassen den Komplex der Solarkonstante, der Variation der Sonnenaktivitäten, der Rotation der Milchstraße ebenso wie die Gezeitenkräfte. Die terrestrischen Kräfte hingegen schließen den Vulkanismus ein, die Plattentektonik, die Zusammensetzung der Atmosphäre, den Albedo-Effekt, aber auch durch die Ozeane bewirkte Einflüsse. Diese Faktoren sind für Änderung der Wetter- und somit der Klimadaten maßgeblich verantwortlich. Ungeachtet dieser natürlichen Hintergründe erkennt man unschwer, dass der Mensch in den omnipräsenten Klimadiskussionen, bei aller Zunahme technischer und industrieller Möglichkeiten vor allem in den letzten zwei Jahrhunderten, längst in den Fokus aller Betrachtungen gerückt ist. In den jüngsten IPCC-Berichten ist er sogar der einzig Verantwortliche der sich vermeintlich anbahnenden Katastrophe. Dieses Alleinstellungsmerkmal kommt jenen entgegen, die mit ihrer primär politischen und ökonomischen Agenda an den Konsequenzen einer solchen angenommenen singulären Täterschaft ansetzen.

Dies ist angesichts des sehr geringen, wenn auch marginal im fossilen Zeitalter steigenden Anteils des Menschen am insgesamt vorhandenen CO_2 nicht leicht zu begründen. Eine in diesem Fall beliebte Argumentation der Klimapanikpropheten besteht darin, auf einen angeblich substanziellen Unterschied zu verweisen: Vertreter des klimapolitischen Hauptstromes verfechten gerne folgende Abgrenzung: Die Verbindung Kohlendioxid, die aus natürlichen Quellen entsteht, wird anders bewertet als der Stoff Kohlendioxid, der aus der Verbrennung fossiler Energie hervorgeht. Wie wird diese Differenz üblicherweise begründet? Das Kohlendioxid, das beim Verbrennen von fossilen Brennstoffen wie Kohle entsteht, ist tatsächlich in der Analyse zu markieren.

Bei seinen Kohlenstoffatomen fehlt nämlich etwas: das Isotop Kohlenstoff-14, kurz C14. Diese Isotope zerfallen im Laufe der Zeit, sie sind radioaktiv und verschwinden irgendwann. Der Kohlenstoff aus fossilen Brennstoffen existiert mehrere Millionen Jahre und enthält keine C-14-Atome mehr. Es entstehen dabei vornehmlich C-12 und C-13-Atome, die nicht radioaktiv sind. Dadurch kann der Anstieg der CO_2-Konzentration seit den letzten rund 150 Jahren eindeutig dem Verbrennen von Kohle, Erdöl und Erdgas zugeordnet werden, somit dem Menschen. Man spricht vom Suess-Effekt.

Unstrittig haben diese Kohlenstoff-Isotope unterschiedliche reaktive Eigenschaften. Diese spezifischen Differenzen sagen aber nichts über verschiedene Wirkungen. Pointiert ausgedrückt: Auch C-12- und C-13-Isotope führe keine Klimakatastrophe herbei. Auch sie sind – angesichts der geringen Mengen – in toto vernachlässigbar.

Um an dieser Stelle nochmals auf allgemeinere Zusammenhänge zu kommen: Das Klimaparadigma umfasst eine Summe von Sphären, die im Einzelfall analytisch schwer im Zusammenhang zu präsentieren sind: Anthroposphäre, Biosphäre, Atmosphäre, Morphosphäre, Hydrosphäre, Lithosphäre, Pedosphäre. So verändern sich geologische Bereiche wie die Platten der Lithosphäre nur sehr langsam, atmosphärische Bewegungen sind hingegen relativ rasch.

Die systemischen Unklarheiten des Klimaparadigmas, die viele verschiedene Deutungen nach sich ziehen können, dürfen als wesentliches Charakteristikum aller Betrachtungen über den Klimawandel und seiner vielen konstituierenden Faktoren gelten. Mitunter wird dieser Wesenszug durchaus gesehen und herausgestellt. Verdienste hat sich dabei der Geograph Werner Kirstein erworben. Er hebt drei verschiedene Auslegungsmöglichkeit hervor: Demnach ist der Klimawandel in wohlbestimmter Hinsicht Realität, in anderer Perspektive Irrtum, in wieder anderer Sicht Lüge.

Natürlich lassen sich Wetterdaten (Temperatur, Niederschläge und Luftdruck) über längere Zeiträume – dargestellt werden üblicherweise 30 Jahre – messen und dokumentieren. Solche Betrachtungsweisen geben selbstverständlich – die Richtigkeit der Daten vorausgesetzt – die Realität wieder. Kirstein verweist auf eine angemessenere Terminologie, vor allem die Bezeichnungen Klimapendelung und Klimafluktuation, die über Jahrmillionen hinweg das Leben auf Erden bestimmt haben.

Aber es gibt viele irrtümliche Interpretationen. Diese sind meist dadurch bedingt, dass das Gewicht des Menschen im Hinblick auf klimatische Prozesse zu sehr herausgestrichen wird. Diese Anschauungsweise wird plausibel aufgrund der vielen negativen Einflüsse des Menschen insbesondere auf die Tier- und Pflanzenwelt. Daraus lässt sich aber keine Verantwortung für den Bereich „Klima" ableiten, bei dem es sich um ein „abstraktes Gespenst" (Al Gore) handelt, wie bei allen statistischen Erhebungen. Die Natur ist als konkrete Erscheinung einzustufen, ebenso wie das Wetter. Weiterhin reichen die natürlichen Hintergründe weit über menschliche Einflüsse hinaus, entzieht sich doch die Sonne der Einwirkung, um nur ein natürliches Beispiel anzuführen.

Klimatische Tendenzen bezüglich der Vergangenheit zu modellieren ist sinnvoll und notwendig. Diese Entwicklungen lassen sich jedoch nicht umstandslos in die Zukunft verlängern. Es handelt sich nicht um naturgesetzliche Prozesse. Solche Prolongierungen sind schon deshalb unmöglich, weil wir heute nicht wissen können, was wir in Zukunft wissen werden. In diesem hypothetischen Fall fiele der zeitliche Daseinsraum von Vergangenheit, Gegenwart und Zukunft in sich zusammen. Zukunftsaussagen sind bestenfalls wahrscheinlichkeitsbasiert zu präsentieren, selten im Sinne absoluter Sicherheiten.

Computergestützte Modellierungen der Zukunft geben vielen Zeitgenossen, besonders technikgläubigen, die Sicherheit, zukünftige Daseinsverläufe einigermaßen sicher, manche meinen sogar: vollkommen sicher, abschätzen zu können. Dem ist aber nicht so, auch nicht im Kontext künftiger Klimamodellierungen. Es hat sich gezeigt, dass diverse Einflussfaktoren wie Wolkenbildungen und Meeresströmungen entweder gar nicht oder nur unvollständig erfasst werden können. Dabei handelt es sich nur um zwei Beispiele.

Prophezeiungen auf der Grundlage hypermoderner Mittel werden schon seit Jahrzehnten präsentiert. Daher kann man heute deren Schwächen übersehen. So vermeinten Simulationen vorausberechnen zu können, dass die Landmasse Bangladeschs innerhalb bestimmter Zeiträume unter den Meeresspiegel absinken würde. Spätere Satellitenmessungen haben indessen das Gegenteil ergeben. Beispiele in dieser Richtung sind leicht zu vermehren. Zahllose Kommentare kann man in der Literatur und im Internet zu einem viel beachteten Phänomen vernehmen: Die Erwärmungspause, die Ende der 1990er Jahren eingesetzt hatte, wurde von den Klimamodellen nicht antizipiert.

In diesem Kontext ist es ratsam, sich eine der weisesten Aussagen früherer IPCC-Berichte zu vergegenwärtigen. 2001 verwies der „Weltklimarat" auf die Grenzen von Vorhersagen: „In der Klimaforschung und -modellierung sollten wir erkennen, dass es sich um ein gekoppeltes nicht-lineares chaotisches System handelt. Deshalb sind längerfristige Vorhersagen über die Klimaentwicklung nicht möglich".

Beim Vergleich von früheren Aussagen, die sich aus Modellen ergeben hatten, mit späteren Messungen zeigen sich, was kaum verwundert, Diskrepanzen. Zumeist nahm man höhere Regionaltemperaturen im Vergleich zu denen an, die man im Nachhinein gemessen hatte. Diese Abweichungen dürften das „erkenntnisleitende Interesse" der Modellierer spiegeln, ob bewusst oder nicht.

Wissenschaftliche Modelle, die auf sicheren Zukunftsaussagen basieren, sind von vornherein abzulehnen. Das naive Vertrauen auf solche Darstellungen mag noch als Irrtum durchgehen. Es gibt aber noch eine Steigerung bezüglich der negativen Folgen: nämlich die Deutung des Klimawandels als Lüge. Die Initiierung einer groß angelegten Klimaagenda, die wegen der Konsequenzen (CO_2-Abgabe!) mehr- und vieldeutige Befunde im Sinne eindeutiger und klarer Ergebnisse ausgibt, ist als unmoralisch und schädlich zu bewerten. Exemplarisch ist auf den medial geschürten Notstands-Alarmismus der letzten Jahre zu verweisen. Auch das EU-Parlament hat sich im Rahmen einer Erklärung 2019 an einer solchen Panikmache beteiligt. Dass viele andere Einrichtungen auf nationaler wie internationaler Ebene, gleichfalls unzählige Kommunen, auf den apokalyptischen Zug aufspringen, kann kaum verwundern. Wie sich ein solcher Notstand äußert und wie er sich erkennen lässt, wird nicht gesagt. Zumeist werden restriktive Werte, etwa im Abgasbereich, veröffentlicht, die infolge von Messungen als überschritten interpretiert werden. Es finden sich stets allerlei Medien, die derartige Befunde zur Großkrise hochjubeln. Gewonnen ist – und nicht nur wissenschaftlich gesehen – gar nichts.

Nur wenige anerkannte Fachleute, die öffentliche Reputation zu verlieren haben, trauen sich zu widersprechen. Einer von ihnen ist der Physiker und Nobelpreisträger Ivar Giaever. Er hatte sich vom Hauptstrom distanziert und musste in den vergangenen Jahren prompt vielfältige Schmähungen über sich ergehen lassen. Die heilige Kuh oder wahlweise das goldene Kalb des Hauptstroms, den anthropogenen Faktor, hatte er als Pseudowissenschaft apostrophiert. Aufgrund seines fortgeschrittenen Alters und seines Ansehens im letzten halben Jahrhundert kann er die Aversionen gegen seine Person wohl verkraften. Immerhin veröffentlichten im September 2019 500 Wissenschaftler eine Erklärung, in der sie einen „Klimanotstand" in aller Deutlichkeit von sich weisen. Allerdings bleibt es nicht aus, dass bald darauf eine andere Gruppe von Gelehrten einen Gegenstandpunkt veröffentlicht. Auf diese Weise wird die Verwirrung der Öffentlichkeit erheblich vergrößert.

Simulationen machen es leicht möglich, den Ausgang klimainduzierter Entwicklungen offenzuhalten und Resultate zu erzielen, die die gewünschte Tendenz bestätigen – fast ausschließlich zugunsten einer möglichst hohen Erderwärmung. Während die unterschiedlichen Teilbereiche des Klimaparadigmas als sehr ambivalent und vielschichtig zu begreifen sind, erweisen sich doch die Konsequenzen des Glaubens an solche Erzählungen als überaus klar und konkret: Der bekannte Leiter des Potsdamer „PIK", Otmar Edenhofer, brachte es schon vor über einem Jahrzehnt in einem Interview auf den Punkt: „Klimapolitik verteilt das Weltvermögen neu". Der Geldsegen, der bei bestimmten Sichtweisen des Klimawandels auf allen Ebenen zu erwarten ist, trägt nicht zu ergebnisoffenen Untersuchungen bei. Selten sind die klimasozialistischen Absichten so deutlich formuliert worden wie in diesem Kontext.

Es existiert also eine Reihe von Hinweisen auf die Viel- und

Mehrdeutigkeit zahlloser Befunde, die das Klimaparadigma impliziert. Die eingeschlossenen Teilsysteme sind nur sehr eingeschränkt in einer stimmigen Synopse zu präsentieren. Diese Undeutlichkeiten machen das Klimaparadigma zum idealen Herrschaftsmittel. Der gordische Knoten der Vielschichtigkeit wird durchschlagen, indem der Mensch zum Bösewicht erklärt wird. So lässt sich leicht, vor allem durch mediale Panikmache flankiert, eine politökologische Agenda ableiten. Diese ist ihrerseits vielfältig, bietet aber eine zentrale Begründung für Umverteilung. Die Tendenzen eines globalen „Klimasozialismus" sind mit Händen zu greifen.

Gewiss lassen sich von der kognitiven Ebene der Viel- und Mehrdeutigkeit der zahllosen Klimawandeltheorien nur indirekte Schlüsse auf probate Konsequenzen ziehen. Das heißt: Aus der (zugespitzt formuliert) praktischen Unberechenbarkeit des Klimaparadigmas, das aus vielen zu koppelnden Teilsystemen besteht, kann man legitimerweise kein spezifisch-umstürzendes Ergebnis auf der politischen wie ökologisch-ökonomischen Handlungsebene ableiten. Eine moderate, hauptsächlich sonneninduzierte Erwärmung kann nicht bestritten werden; doch lassen sich bei dieser Annahme höchstens gewisse Folgen, etwa für manche Gegenden eine zunehmende Trockenheit, bestenfalls mildern und abfedern.

In der politisch-gesellschaftlichen Realität indessen dominiert die IPCC-Agenda: Demnach gibt es faktisch nur menschliche Einflüsse auf das Klima. Die Sonne ist folglich zu vernachlässigen, wenn es gilt, der Erderwärmung entgegenzuwirken. Alles erscheint prima vista einfach: Ohne CO_2-Reduktion keine Bekämpfung des Klimawandels, und das heißt gleichzeitig: Sämtliche Mobilitäts-, Ess-, Heiz-, Arbeits-, ja Lebensgewohnheiten aller Art haben sich zu ändern, um die herbeihalluzinierte Katastrophe abzuwenden. Herkömmliche Autotechnik, früher oder später zumindest, wird ebenso verschrottet wie sich Wohnraum, ohnehin in manchen Regionen schwer erschwinglich, zunehmend als unrentabel entpuppen wird. Auch gewisse Abmilderung ursprünglicher gesetzgeberischer Pläne ändern im Grundsatz an dem Unterfangen nichts. Zu den Opfern eines solchen weltweiten Programms, das natürlich verschieden umgesetzt wird, zählt neben der Freiheit besonders der Wohlstand, und Deutschland wird aufgrund der Schlüsselbedeutung der Autoindustrie besonders betroffen sein.

BIOGRAPHIE

Prof. Dr. Felix Dirsch, geboren 1967 in Erding bei München, studierte katholische Theologie (Diplom), Politikwissenschaft (Diplom) und Philosophie (Magister Artium). Anschließend arbeitete er etliche Jahre in der Erwachsenenbildung und im Schuldienst. Nach der Promotion an der Hochschule für Philosophie (München) über ein Thema der katholischen Sozialphilosophie und der Habilitation war er eine Zeitlang Lehrbeauftragter an der Hochschule für Politik (München). Er lehrt heute vornehmlich in Armenien. Nebenbei ist er publizistisch sowie als Politikberater tätig. Er gilt als gefragter Referent im In- und Ausland; zul. veröffentlicht: Logiken des Wandels, 2 Bde, Pliening 2023.

Klima als Ideologie: Wenn eine Idee zur Sekte wird

Marcus Zeller

Zusammenfassung:

Das herrschende Narrativ zum Thema Klimaschutz zeichnet sich durch eine ungesunde Verengung der Gesamtwirklichkeit aus. Diese Verengung vereinfacht komplexe Zusammenhänge, reduziert Kausalitäten und verlangt einen kritiklosen Glauben daran. „Forced Compliance" nennt die Psychologie diese unfreiwillige Freiwilligkeit. Damit bewegt sich eine Idee hin zur Ideologie, wie wir sie sonst nur in religiös- sektenhaften Strukturen kennen. Der Autor wirft einen Blick auf die strukturellen Parallelen.

Klima als Ideologie: Wenn eine Idee zur Sekte wird

Warum glauben Sektenangehörige, im Besitz der universellen Wahrheit zu sein? Die Gründe sind vielschichtig, dennoch lässt sich klar herausstellen, dass der Suchende in der Sekte findet: Er findet Antworten, Sicherheiten, Gemeinschaft und Anerkennung. Der Preis dafür ist die Vereinfachung der Welt und die Delegation selbständiger Denkarbeit. In einer Welt, die in ihrer Komplexität nicht mehr verstehbar ist und in der der Einzelne in seiner subjektiven Bedeutungslosigkeit zu verschwinden droht, ist dieser Preis für viele akzeptabel.

Das Szenario, wonach ein menschengemachter Klimawandel den eigenen Fortbestand gefährdet, koppelt an archaischen, fundamentalen Ängsten. Ab hier findet sich eine - teils vorauseilende – Handlungsbereitschaft, die fast unweigerlich unumkehrbar ist und eine ganze Reihe rationeller Fähigkeiten umgeht oder lahmlegt.

Das Angebot von Erklärungen, Antworten und daraus abgeleiteten Zielen aus der Interpretation des Klimas, wie sie derzeit stattfindet, wird von der Mehrheit dankbar angenommen. Dabei wird die Sprache zum Instrument und vermittelt immer weniger Fakten und Inhalte. Sie beschreibt und bestätigt nur den Konsens. Der „Gläubige" muss allerdings übersehen, dass er sich im Spiegelkabinett des Konstrukts andauernd selbst manipuliert: Die Bemessungskriterien der präsentierten Realität referieren nämlich auf festgelegte Größen, auf Paradigmen, die selbst zu hinterfragen wären. Doch wie kann das sein?

Die Antwort liegt in unserem tief verankerten Bedürfnis nach Kohärenz. Ein stimmiges Weltverständnis ist die stabile Größe in uns, der Garant für ein verlässliches Morgen. Probleme wollen gelöst werden; scheinbar Bewährtes ist dabei immer die erste Wahl. Wir Menschen streben zudem danach, möglichst wenig Reibung innerhalb der Gruppe zu erzeugen: das Wir-Gefühl, die Zugehörigkeit, war einst überlebensnotwendig. Und dann ist es ein kleiner Schritt, Konsens zur – vermeintlichen - Objektivität zu machen. Gibt es eine „Objektivität", dann gibt es auf einmal ein „Drinnen" und „Draußen". Objektiv gilt heute das, was als „wissenschaftlich erwiesener" Konsens verstanden wird. Alles andere ist „draußen"; und damit der „Feind". Zu diesem Merkmal der Spaltung gesellt sich noch das Element der Kritikunverträglichkeit mit all ihren kritikabwehrenden Mechanismen wie die Vereinfachung sowie die Erosion des Freiheitsbegriffs, bei dem Freiheit ihre Quelle nicht mehr im moralisch mündigen Individuum hat, sondern über den herrschenden Konsens definiert wird.

Sekten brauchen Hysterie. Ohne die Existenz eines drohenden Ereignisses oder eines überlebenswichtigen Umschwunges hätten ihre Lehren keinen Nährboden.

Die Unvermeidlichkeit der Bedrohung muss unzweifelhaft dargestellt werden. Der Einzelne hat nicht die Freiheit, eine eigene Haltung dazu einzunehmen. Gegebenenfalls muss er sich den „nötigen" Maßnahmen durch mehr oder weniger sanften Druck unterwerfen. Die rot-grüne Politik tut genau das in nie dagewesenem Ausmaß.

Grundsätzlich bedient sich das System des Schuldkonzeptes. Ohne das funktioniert bekanntlich keine Religion- und auch kein Staat: Den Bürgern bzw. den Gläubigen wird aufgrund einer angenommenen Schuld (der „Sünde") die Verantwortung des Allgemeinwohls aufgelastet: In diesem Falle die Rettung des Klimas.

Hierin liegt auch die Rechtfertigung aller Maßnahmen, derer man sich anzupassen oder zu unterwerfen hat: alle Maßnahmen dienen unterschiedslos dem „Wohl" der Menschen, sie sind übergeordnete Maßstäbe, denen sich die eigene Vernunft unterzuordnen hat. Alles andere wäre „egoistisch" und „gefährlich". Opferbereitschaft ist angesagt!

Dabei funktioniert das System selbstbestätigend: die Dogmen, Glaubenssätze und Werte sind in ihrer Gestalt immer so strukturiert, dass ihre „Wahrheit" bestätigt wird. Alle Phänomene werden gemäß der systemischen Eigenlogik gedeutet – in unserem Falle alle Wetterphänomene. Damit sichert sich das System gegen Scheitern ab, zementiert aber gleichzeitig die Möglichkeit echter Selbsttranszendenz. Die Klimaidee ist –wie die Sekte- in dieser Hinsicht von einer Gegenwartsblindheit geprägt, die darin besteht, dass eine hochdynamische Situation für normal und stabil gehalten wird.

Das funktioniert nur mit dem Mittel der Dogmatisierung. Schopenhauer soll gesagt haben, dass die Gesundheit einer Gesellschaft an dem Maße zu erkennen ist, in dem sie Humor verträgt. Sekten zeichnen sich durch eine hohe Kritikunverträglichkeit aus. Ironie, Kritik und Satire werden dort als Angriff gewertet. Weil die Sekte im Besitz des einzig wahren Welt-Verständnisses ist, werden kritische Fragen von Natur aus überflüssig. So entstehen Dogmen: Im besten Falle darf man anderer Meinung sein, nur sollte klar sein, dass diese Meinung nicht die Wahrheit sein kann. Diese Deutungshoheit hat der Einzelne nicht. Es existieren intellektuelle Tabuzonen. Das soll nicht heißen, dass unsere Gesellschaft abweichende Meinung zu Klimafragen nicht tolerieren würde; nur ist diese abweichende Meinung Privatsache. Dort sollte sie möglichst bleiben; zu Unterhaltungszwecken darf sie in Talkshows geäußert werden, wirkliches Gewicht und Gehör wird sie aber in der politischen Wirklichkeit kaum finden. Dogmen sind Konzepte, die der Stabilität eines Systems dienen; sie sind selten geronnene Wahrheiten. In logischer Konsequenz befindet sich ein Sektensystem immer im Kampf gegen etwas. Das insgesamt Faszinierende aber ist der Umstand, dass die Manipulation im Dienste derartiger Zwecke nur von sehr Wenigen – wenn überhaupt – bewusst und intendiert ausgeübt wird. Die Dynamik innerhalb totalitärer oder sektenhafter Systeme ist selbstreferierend und bedarf kaum der Steuerung. Alle ihre Organe sind integraler Bestandteil dieser Dynamik und selbst „gläubig", weshalb sie derart immun gegen Kritik oder alternative Deutungsmodelle sind, wie es zu beobachten ist. Es wird „wahr", was zur „Wahrheit" auserkoren wurde. Auch darin zeigt sich eine tiefenpsychologische Parallele zur Sekte: Sie ist Symptom einer Unreife oder eines unbewussten Mangels der Gesellschaft. Es dürfte deutlich geworden sein (und gleichzeitig zur Nachsicht anregen), dass Anhänger des aufgeladenen Klima-Narratives keine unumstößliche Wahrheit, sondern die Integrität eines stabilen Weltverständnisses verteidigen.

Ideologien und künstliche Wahrheiten wurden von je her von der Wirklichkeit eingeholt und aufgelöst. Die Klimaideologie wird sich vermutlich etwas länger halten. Und wie ihre unterschiedlichsten Vorgänger wird sie dann zum Lernprozess unserer Spezies einen großen Beitrag geleistet haben.

BIOGRAPHIE

Marcus Zeller, Jahrgang 1973, ist Pädagoge. Er wuchs in einer christlich-fundamentalistischen Sekte auf. Nach seiner Ablösung daraus im Alter von 36 Jahren befasste er sich intensiv mit den psychologischen Mechanismen von Selbst- und Fremdmanipulation. Heute lebt er als Zimmermann und Coach auf La Palma in Spanien. Weitere Informationen unter www.ausstiegsberatung.com
Herr Zeller hat an der Akademie der Denker die Vorlesungsreihe „Klima – zwischen Naturwissenschaft und Religion" mit seiner Expertise zum Thema „Sekten" bereichert. Darüber hinaus ist er dort federführend bei der Gesprächsreihe „Wir müssen über den Frieden reden" im Sommer 2024.

Besondere Abschlussarbeiten

Etablierung und Legitimierung der Alleinherrschaft des ersten römischen Kaisers

Anna B.

Einleitung

Nach der Vertreibung der Etruskischen Könige aus Rom bestand das System der Römischen Republik für rund 480 Jahre, bis unter dem ersten römischen Kaiser, Augustus, die Kaiserzeit anbrach und das politische System der Republik einer neuen Ordnung weichen musste. In den Anfängen der Republik nannte Cato der Ältere bewusst keine Namen, als er in seinem als **„Origines"** betitelten Werk die Ursprünge der Römischen Republik niederschrieb. Für ihn stand die Römische Republik an erster Stelle. Das besondere Hervorheben einzelner Namen sollte die Rolle des Staates als oberste Instanz nicht überschatten.[1]

Dennoch taten sich mit der Zeit immer wieder Individuen hervor, denen es nicht reichte, ein Teil des Systems zu sein, sondern die nach größerer, vielleicht sogar alleiniger Macht strebten. Im Verlauf der Zeit taten sich immer wieder Personen hervor, die ihre Macht vergrößern wollten, Machtansprüche erhoben und das System der Römischen Republik unterwanderten. Der Erfolgreichste unter ihnen war jedoch Octavian, der spätere Kaiser Augustus. Während viele seiner Vorgänger ihr Bestreben mit ihrem Leben bezahlten, gelang es Augustus, seine Alleinherrschaft zu legitimieren, sein gesamtes restliches Leben als Kaiser zu verbringen und eine ca. 300 Jahre lange Kaiserzeit zu begründen. Die vorliegende Arbeit beschäftigt sich mit der Etablierung und Legali-

---

1 vgl. Suet., Ausgabe von O. Wittstock, S. 15.

sierung von Augustus Herrschaft. Im Fokus wird folgende Frage stehen: Wie baute Augustus seine Herrschaft auf und wie begründete er sie?

Augustus trug zu seinen Lebzeiten viele Namen. Für den bestmöglichen Lesefluss wird er im Folgenden durchgehend mit dem Namen Augustus bezeichnet. Um einen möglichst guten Überblick über die Thematik zu erreichen, ist die Arbeit chronologisch nach den Ereignissen geordnet, die Augustus zu seiner einzigartigen Stellung verholfen haben. Gefolgt von einer Darstellung der Mittel zur Legitimierung seiner Macht.

Die Destabilisierte Republik

Um sich ein Bild von Augustus' Herrschaftetablierung machen zu können, sollte man sich die Zeit seines Schaffens und den damaligen Zustand der Republik vergegenwärtigen. Augustus wurde in einer Zeit des langsamen Niederganges der Republik geboren und war der letzte in einer langen Reihe von Männern, die die Republik zu ihrem Vorteil formten, ihre Regeln bogen und schließlich unterwanderten.

Nach dem Mord an Caesar war Marcus Antonius, der unter Caesar Feldherr und Konsul war, eine der bestimmenden Kräfte in der römischen Innenpolitik. Er war in den Unruhen nach Caesars Tod in einer vorteilhaften Position, da er zurzeit Konsul war und auch seine beiden Brüder Magistraturen bekleideten. Der eine war Prätor und der andere Volkstribun.[2]

Am 17. 03. berief er eine Senatssitzung ein, in der ein Kompromiss zwischen Caesarianern und Caesar-Mördern geschlossen wurde. Alle Maßnahmen Caesars, auch die noch nicht veröffentlichten, sollten gültig bleiben (**acta Caesaris**)

---

2 vgl. Bleicken, Jochen, Geschichte der Römischen Republik, 6. Aufl., München 2004, S. 53.

dafür gewährte man den Caesar-Mördern Amnestie.[3]
Zudem schaffte er das Amt des Diktators für alle Zeit ab.[4]

In dieser Zeit gewannen die Soldaten weiter an politischer Bedeutung. Um ihre politische Macht zu sichern, bedurften Caesars ehemalige Generäle der Anerkennung und des Zuspruchs seiner Soldaten.[5]

Im ungewissen Zustand Roms mussten sich die Mörder Caesars auf die Wiederherstellung der Senatsherrschaft verlassen. Die Caesarianer hingegen waren ebenfalls in einer schwierigen Situation; mit dem Verlust ihres Anführers sahen sie sich mit der Frage konfrontiert, ob es ratsam wäre, Caesars Kurs weiterzuverfolgen oder ob ihnen so das gleiche Schicksal bevorstand. Jene, die weiter die Herrschaft eines Einzelnen bevorzugten, mussten sich fragen, wer Caesars Position übernehmen konnte und wie diese Position besetzt werden sollte, nachdem die Diktatur offiziell abgeschafft wurde. Caesarianer, die weiter politisch agieren wollten, strebten zu ihrem eigenen Schutz und für ihren politischen Einfluss ein militärisches Kommando an.[6]

Durch die *acta Caesaris* und sein schnelles Handeln nach Caesars Tod erlangte Antonius eine Möglichkeit, an allen Institutionen der Republik vorbei Entscheidungen zu treffen. Er ließ sich von Caesars Witwe alle Dokumente, die sich bei ihm zu Hause befanden, aushändigen. Diese Dokumente erweiterte er oder schrieb völlig neue Gesetze, die er als Caesars ausgab und die aufgrund der *acta Caesaris* anerkannt werden mussten.[7]

---

3 vgl. Christ, Karl, Krise und Untergang der römischen Republik. Preiswerte Jubiläumsausgabe, Darmstadt 2019, S. 395f
4 vgl. Christ, 2019, S. 425
5 vgl. Bleicken, Jochen, Augustus. Eine Biographie, Hamburg 2010, S. 62.
6 vgl. Bleicken, 2010, S. 62f.
7 vgl. Bleicken, 2010, S. 54.

Caesars Mörder und ihre Sympathisanten begannen in Antonius Caesars politischen Nachfolger und einen potenziellen Tyrannen zu sehen.[8]

„Die Anhänger der Tradition ergingen sich in Klagen darüber, daß der Tyrann zwar beseitigt, die Tyrannis aber geblieben sei, und man begann schon, ein Blutbad unter denjenigen zu fürchten, die ihre Zustimmung zum Tyrannenmord gezeigt hatten. Immer wieder beklagte und kritisierte man auch mangelhafte Planung und Durchführung des Attentates, bei dem doch auch die engsten Vertrauten Caesars, an erster Stelle Antonius, hätten fallen müssen." [9]

Augustus' Anfänge
Augustus' Förderung durch Caesar

Auch, wenn Caesar wohl nicht mit einem so frühen Ende gerechnet hatte, so machte er sich während seiner Lebzeiten Gedanken um sein Erbe. Nach dem Tod seines einzigen (ehelichen) Kindes, seiner Tochter Julia, und seines frischgeborenen Enkelkindes musste er sich nach einem neuen potenziellen Erben umsehen, der den Fortbestand der Familie sichern würde.[10] Augustus' Mutter, Atia, war die Tochter des Marcus Atius Balbus und der Julia. Julia war Caesars Schwester.[11] Was Augustus zu Caesars Großneffen machte.

Unter Caesars männlichen Verwandten war Augustus derjenige, den er besonders förderte, damit dieser eine politische Laufbahn einschlagen konnte. Nach dem Tod seiner Großmutter Julia zog Augustus zu seiner Mutter und ihrem zweiten Ehemann, Lucius Marcius Philippus.

---

8 vgl. Bleicken, 2010, S. 58.
9 ebd.
10 vgl. Pabst, Angela, Kaiser Augustus. Neugestalter Roms, Stuttgart 2014, S. 84.
11 vgl. Suet. Aug. 4, 1.

Caesar verpflichtete Philippus, der Teil der Nobilität war, sich um Augustus' Ausbildung zu kümmern, damit dieser alles lernte, was er für das Mitwirken in der römischen Politik benötigte.[12] Seinen ersten öffentlichen Auftritt hatte der damals zwölfjährige Augustus im Jahr 51 v. Chr. als Stellvertreter für seinen Großonkel Caesar beim Begräbnis der Julia. Er durfte die *laudatio funebris*, die Begräbnisrede halten und wurde so der Bevölkerung als Mitglied der Familie der Iulier präsentiert.[13] 48 v. Chr. verschaffte Caesar Augustus sein erstes öffentliches Wahlamt, den Sakralposten des *pontifices*.[14] Sueton berichtet „Er [Augustus] verdiente sich Caesars Wohlwollen in hohem Maße und gewann dessen Lob bald auch noch mehr wegen seiner charakterlichen Eigenschaften als wegen seines auf Reisen bewiesenen Eifers."[15]

Augustus sollte auch am bevorstehenden Krieg gegen die Parther teilnehmen, den Caesar vor seiner Ermordung plante. Zu diesem Zwecke wurde er bereits an die albanische Küste vorausgeschickt, wo er auch die Nachricht von Caesars Ermordung erhielt.[16]

In seinem Testament adoptierte Caesar Augustus und gab damit auch seinen Namen an ihn weiter. Caesar ernannte Augustus, neben Lucius Pinarius und Quintus Pedius, zu seinem Erben. Wobei Augustus der Haupterbe war und drei Viertel erhielt, während die anderen sich das letzte Viertel teilten.[17] Obwohl die Regierungsform Caesars an eine Monarchie erinnert, blieb die Republik formal bestehen. „[…] Der Diktator hatte sich nicht als König mit institutionalisierter Nachfolge etabliert."[18]

12 vgl. Pabst, 2014, S. 81-85
13 vgl. Pabst, 2014, S. 72f.
14 vgl. Pabst, 2014, S. 88.
15 Suet. Aug. 8
16 vgl. Christ, 2019, S. 427.
17 Suet. Iul. 83, 2.
18 Bleicken, 2010, S. 38.

Das System war noch lange nicht so ausgereift, dass es eine Übernahme der gesamten Ehrungen und Befugnisse Caesars durch seinen Erben vorsah. Das Erbe war jedoch, wie traditionell in den Familien der Nobilität angedacht, ein ungeschriebener Anspruch auf eine politische Kariere.

Augustus' Mutter und sein Stiefvater rieten ihm davon ab, das Erbe anzutreten, da sie befürchteten, dass, obwohl es sich theoretisch um einen privaten Nachlass handelte, er als unerfahrener junger Mann im Kampf um Caesars politisches Erbe umkommen würde. Wenn er das Erbe anträte, würde er mit Caesars Namen auch politisch als sein möglicher Erbe betrachtet werden können. Seine Umgebung könnte befürchten, er stelle Ansprüche, Caesars politisches Erbe anzutreten und in seine Fußstapfen treten zu wollen. So drohten ihm sowohl von Caesars ehemaligen Verbündeten, die selbst sein politisches Erbe antreten wollten, als auch von Caesars Mördern, die einen weiteren Caesar verhindern wollten, Lebensgefahr. Er selbst sah jedoch auch, dass er ohne den Antritt von Caesars Erbe noch immer in Gefahr wäre.[19]

Man erinnere sich nur an die Nachkommen Alexanders des III., die alle, selbst wenn sie keine Ansprüche auf sein politisches Erbe erhoben, getötet wurden.

Mit Caesars Erbe kamen Vorteile wie die Übernahme seiner Klienten und seines einflussreichen Namens, aber auch Verpflichtungen wie die Auszahlung seiner Legaten.

Augustus begann, obwohl Antonius ihm die Auszahlung von Caesars Erbe verweigerte, Caesars Legaten mit seinem eigenen Geld auszuzahlen. Damit gefährdete er Antonius' Status als Caesars Nachfolger, den dieser anstrebte.[20]

Augustus' Adoption und die daraus resultierende Namensänderung sind essenziell für seinen Erfolg. Sie machte

19 vgl. Bleicken, 2010, S. 45.
20 vgl. Christ, 2019, S. 427f

ihn vom politischen Niemand zu Caesars Sohn und ermöglichte ihm den Anspruch, auch sein politischer Nachfolger zu werden. Antonius behauptete sogar, er verdanke alle seine Erfolge allein dem geerbten Namen.[21]

Caesars Name und Erbe allein reichte jedoch nicht, um in Rom politischen Einfluss zu erlangen. Im Kampf um die Macht im Staat musste sich Augustus derselben Mitteln bedienen wie Antonius und andere Caesarianer. Um Macht im bröckelnden Staat zu erlangen, versuchten diese, Ämter zu bekleiden, aber vielmehr noch ein Imperium übertragen zu bekommen. Wenn es eine Lehre aus den vergangenen Jahrzehnten gab, dann war es die, dass derjenige mit dem größten Heer die beste Möglichkeit hatte, sich politisch durchzusetzen.[22]

Nachdem Antonius Augustus' Bestreben, sich zum Volkstribunen wählen zu lassen, vereitelt hatte, begann dieser, ein Heer aufzustellen. Er zahlte seinen Soldaten 2000 Sesterzen, was dem doppelten Jahresgehalt eines Soldaten entsprach. So hatte er bald ein Heer von 3000 Mann zusammen. Sowohl die hohen Summen, die er zu zahlen bereit war, als auch sein Name ließen die Soldaten über die Illegalität des Vorhabens hinwegschauen. Als Privatmann ohne jegliche gesetzliche Grundlage ein Heer zusammenzustellen, glich einem Hochverrat.[23]

Außerdem bemühte er sich um Cicero, der Antonius' größter Kritiker im Senat war. Er versuchte, ihn zu überzeugen, gegen Antonius in den Krieg zu ziehen.

Cicero war wegen Augustus' jungem Alter und seiner verwandtschaftlichen Verbindungen zu Caesar jedoch misstrauisch ihm gegenüber.[24]

---

21 vgl. Bleicken, 2010, S. 36.
22 vgl. Christ, 2019, S. 430
23 vgl. Bleicken, 2010, S. 95f.
24 ebd.

Mit seinem Heer marschierte Augustus nun auf Rom zu.

Seine Soldaten, die bereit waren, ihn als Erbe Caesars anzunehmen und ihm zu folgen, waren jedoch nicht bereit, gegen andere Caesarianer und besonders nicht gegen Antonius in den Krieg zu ziehen. Zwei Drittel des Heeres verließen ihn, um nicht gegen Antonius' Legionen, die sich nun näherten, kämpfen zu müssen. Daraufhin erkannte Augustus seine Fehleinschätzung und verließ mit seinen restlichen Soldaten die Stadt, ohne Antonius begegnet zu sein.[25]

Trotz dieser Niederlage brachte das Ereignis Augustus einen Vorteil. Durch seine Milde gegenüber den Soldaten, die ihn verlassen wollten, behielt er einen guten Ruf unter ihnen, der durch die Geschenke, die er ihnen bei ihrem Fortgehen gab, nur noch verstärkt wurde. Unter Antonius' Soldaten hingegen brach Unruhe und Unzufriedenheit aus. Sie hatten von der deutlich höheren Entlohnung gehört, die Augustus seinen Soldaten zugestand. Als daraufhin ein Aufstand seiner Soldaten stattfand, versuchte Antonius diesen durch Hinrichtungen und Gewalt niederzuschlagen. Dieser Umgang mit seinen Soldaten führte dazu, dass zwei von Antonius Legionen geschlossen zu Augustus übergingen.[26]

Mit seinem Heer war Augustus nun eine ernstzunehmende Konkurrenz für Antonius, der bis dahin die führende Position im Staat innehatte und Caesars politisches Erbe antreten wollte. Mit seinem Namen, seinem Heer und keiner Vorgeschichte von Verrat gegenüber Caesar, in Form von Kooperation mit Caesars Mördern, und seinem Geld war er ein ebenbürtiger Gegner. Durch die Kompromisse, die Caesarianer und Caesarmörder nach Caesars Tod trafen, kam es nach Caesars Ermordung zu keinem bewaffneten Konflikt

---

25 vgl. Bleicken, 2010, S. 98f.
26 vgl. Bleicken, 2010, S. 99f.

zwischen Caesars Anhängern und Gegnern. Caesar hatte die Ämter der Folgejahre bereits durch Vorbestimmung besetzt. So kam es dazu, dass nach Caesars Tod auch die Caesarmörder in wichtigen Provinzen Statthalter und weiter einflussreich waren. Auch wenn man versuchte, sich miteinander zu arrangieren, misstrauten die Parteien einander und verfolgten ihre eigenen Interessen weiter. Durch Vorbestimmung verlieh Caesar die Provinz *Gallia cisalpina* Decimus Iunius Brutus Albinus und durch die *acta Caesaris* war dies auch weiterhin rechtsgültig.[27]

Eben diese Provinz hatte sich auch Antonius durch ein Gesetz zusprechen lassen.[28] Ende November 44 v. Chr., nach dem Verlust einiger seiner Truppen, verließ Antonius Rom, um in seiner Provinz den Posten als Statthalter zu übernehmen.[29] Die Lage der Provinz kombiniert mit der Dauer der Statthalterschaft und der Tatsache, dass Antonius Anstalten machte, sich als Caesars Nachfolger zu präsentieren, musste die Verteidiger der republikanischen Ordnung sowohl an die außerordentlichen Imperien von Pompeius und Caesar erinnert als auch in Angst versetzt haben. Daher ist es nicht verwunderlich, dass sich Decimus Brutus weigerte, die Provinz aufzugeben. Antonius belagerte ihn daraufhin und versuchte, die Provinz mit Waffengewalt zu erlangen.[30]

Cicero, Antonius größter Kritiker im Senat, beschloss indessen einzugreifen. Die Anhänger der Republik befürchteten, dass sich Antonius zu einem neuen Caesar entwickelte, und verbündeten sich mit Augustus, der mit seinen Truppen nun zu einem ernstzunehmenden Gegner und damit auch ernstzunehmenden Verbündeten wurde. Am 20. 12. 44 v. Chr.

---

27 vgl. Christ, 2019, S. 396
28 vgl. Christ, 2019, S. 425f.
29 vgl. Bleicken, 2010, S. 100.
30 vgl. Christ, 2019, S. 134; Suet. Aug, 10, 2

wurde durch einen Volkstribun eine Senatssitzung einberufen, in der Cicero seinen Plan zur Rettung der Republik durch die Bildung einer republikanischen Front erläuterte.

Diese Front bestand aus Decimus Brutus, der in der Provinz *Gallia cisalpina* belagert wurde, Augustus und die Konsuln des anstehenden Amtsjahrs, Hirtius und Pansa. Um gegen Antonius vorgehen zu können, bedurfte es aber einer Legitimierung des Handelns von Brutus und Augustus.[31]

Da Antonius die Provinz durch ein Gesetz zugesprochen worden war, war Brutus rein rechtlich der Gesetzesuntreue. Augustus' Truppen, die man für die Bekämpfung des Antonius beanspruchen wollte, waren eine Privatarmee, die Augustus ohne Senatsbeschluss aufgestellt hatte, und sie waren damit ebenfalls rechtswidrig. Um das Handeln des Augustus zu legitimieren und damit folgende Aktionen durchführen zu können, hielt Cicero eine Lobesrede auf Augustus, in der er ihn als Retter des Staates vor Antonius darstellte und ihn mit Alexander dem Großen verglich. Er beantragte für Augustus mehrere Ehrungen, unter anderem, dass er vom Senat zum Senator ernannt wird und dass er das *proprätorische Kommando* über seine Truppen zugesprochen bekam.[32] Nur wenig später „[…] erhielt [er vom Senat] den Befehl, das so geschaffene Heer als Proprätor anzuführen und zusammen mit Hirtius und Pansa, die inzwischen das Konsulat angetreten hatten, Decimus Brutus zur Hilfe zu eilen. Diesen ihm übertragenen Krieg beendete er im dritten Monat nach zwei Schlachten."[33]

Nach dem Sieg über Antonius und angesichts der vermeintlich zurückerlangten Freiheit beging Cicero den Fehler, Augustus schwächen zu wollen. Bereits als Augustus

---

31 vgl. Bleicken, 2010, S. 102.
32 vgl. Bleicken, 2010, S. 104f.
33 Suet. Aug. 10,3.

Kontakt zu Cicero suchte und ihn zu überzeugen versuchte, Krieg gegen Antonius zu führen, äußerte Cicero sein Misstrauen gegenüber Augustus.[34]

Dieses Misstrauen hatte er nie überwunden, auch, wenn er es angesichts der Gefahr, die Antonius für die Republik darstellte, für eine Weile beiseiteschob. Cicero beanspruchte den Triumph für Brutus. Die Truppen in Oberitalien unterstellte er Brutus und auch Augustus sollte sich Brutus unterordnen. Zusammen sollten sie Antonius verfolgen und die Gefahr für die Republik endgültig beseitigen.[35]

Dabei hatte Cicero die neue politische Gewalt der Soldaten nicht bedacht. „Die Soldaten waren jetzt keine Verfügungsmasse des Senats oder seiner Repräsentanten mehr, sondern allenfalls über ihre Generäle erreichbar. Das Heer hatte politischen Spielraum gewonnen […]".[36] Augustus weigerte sich, seine Truppen zu übergeben, mit der Begründung, seine Truppen würden nicht unter einem Mörder Caesars kämpfen wollen. Außerdem forderte er einen großen Triumph für sich und das Amt des Konsuls.[37]

Das zweite Triumvirat

Durch den Vorfall wurde Augustus klar, dass er sich vom Senat lösen musste. Wenn er politische Macht haben wollte, musste er Abstand vom Senat gewinnen und seinen eigenen Weg gehen. Das Misstrauen des Senats ihm gegenüber würde sein Wachstum nicht zulassen. Der Senat würde ihn eher sabotieren als weiter unterstützen. Augustus brauchte ein Amt, um unabhängig vom Senat zu sein. Nachdem der Senat Augustus zweimal das Konsulat verwehrt hatte, entschloss

---

34 vgl. Bleicken, 2010, S. 95f.
35 vgl. Bleicken, 2010, S. 103f.
36 Bleicken, 2010, S. 124.
37 vgl. Christ, 2019, S. 432.

er sich, das Amt zu erzwingen. Er schickte 400 Zenturionen als Abgesandte nach Rom, die für ihn die Zulassung zur Wahl forderten. Als der Senat erneut ablehnte, brach Augustus mit allen seinen Legionen nach Rom auf. Nach seinem Militärputsch wurde Augustus ohne weiteren Widerstand zum Konsul gewählt.[38] Als Konsul ließ Augustus Caesars Erbe, das er dem Volk vermacht hatte, soweit er es noch nicht ausgezahlt hatte, begleichen und ließ durch seinen Kollegen ein Gesetz zur Verurteilung von Caesers Mördern einbringen. Dieses Gesetz beinhaltete die Todesstrafe und Enteignung für jene, die für schuldig befunden wurden und eine Belohnung für alle, die bei ihrer Überführung und Festnahme halfen.[39] „Als Antonius nach Westen entwich und sich dort mit dem Statthalter M. Aemilius Lepidus zusammentat, schloß […] [Augustus] sich ihnen an."[40] Augustus, Antonius und Lepidus verhandelten zwei Tage lang über die Verteilung der Macht im Staat und die Vernichtung des politischen Gegners. Das Ergebnis der Verhandlungen war die Sondermagistratur, die als zweites Triumvirat bekannt ist. Sie wollten die Herrschaft übernehmen und das gesamte Staatsgebiet untereinander aufteilen. Die drei Triumvirn erhielten gleichberechtigte gesetzgebende Gewalt in Rom. In den aufgeteilten Provinzen sollte es keine unabhängigen Statthalter geben. Sie nannten das Bündnis Triumvirat zur Wiederaufrichtung des Staates. Die Amtsdauer war auf fünf Jahre festgelegt. Durch einen Antrag des Volkstribunen Publius Titius bekam das Triumvirat am 27. 11. 43 v. Chr. eine rechtliche Grundlage.[41] Um ihre Soldaten wie versprochen versorgen und bezahlen zu können, aber auch um weiter aufrüsten zu

---

38 vgl. Bleicken, 2010, S. 130-132.
39 vgl. Bleicken, 2010, S. 133.
40 Bleicken, 2004, S. 89.
41vgl. Bleicken, 2010, S. 137-139.

können, bedurfte es großer Summen an Geld. Durch weitere Proskriptionen erlangten sie diese. Sie beriefen sich darauf, dass es nach Caesars gescheiterter Politik der *clementia* eine neue Politik zur Erneuerung des Staates bedurfte. Insgesamt wurden circa 300 Senatoren und 2000 Ritter proskribiert. Sie waren meist Anhänger oder Mitglieder der alten Senatsaristokratie, unter ihnen waren aber auch Männer, die allein wegen ihres Reichtums, den die Triumvirn für sich beanspruchen wollten, auf der Liste landeten. Auch Cicero fiel den Proskriptionen zum Opfer.[42] „Wie für die damaligen Träger außerordentlicher Militärgewalt wart auch ihre Macht befristet, doch hing die Verlängerung ihres Amtes, des Triumvirats, ausschließlich von ihnen selbst ab, da es keine über ihnen stehenden staatlichen Instanzen mehr gab."[43] Der Senat und die Ämter der Republik existierten weiter, wurden aber von den Triumvirn nach Belieben besetzt und waren von ihnen abhängig.[44] Augustus, Lepidus und Antonius hatten erfolgreich eine Militärdiktatur errichtet. Sueton berichtet, Augustus hätte „[…][f]ünf Bürgerkriege […] geführt, nämlich die von Mutina, Philippi, Perusia, Sizilien und Actium[…]"[45] In Mutina hatte er zusammen mit Hirtius und Pensa gegen Antonius gekämpft und gewonnen.[46] 42 v. Chr. bei Philippi bekämpfte er mit Antonius und Lepidus unter der Parole „Rache für Caesar", Cassius und Brutus.

Im Perusischen Krieg kämpfte er gegen Antonius' Befehlshaber, die ihre Truppen gegen Augustus aufmarschieren ließen. Inwiefern Antonius, der sich zu der Zeit im Osten aufhielt, mit dem Geschehen zu tun hatte, lässt sich nicht mehr rekonstruieren. Augustus gelang es, die Truppen von L. An-

---

42 vgl. Christ, 2019, S. 434-436.
43 Bleicken, 2010, S. 234.
44 ebd.
45 Suet. Aug. 9.
46 vgl. Christ, 2019, S. 431-433.

tonius in Perusia einzuschließen und zu besiegen. 40 v. Chr. kapitulierten L. Antonius' Truppen und wurden mit der Bevölkerung von Perusia von Augustus ziehen gelassen. Die Stadt selbst wurde von Augustus' Truppen geplündert und vernichtet. Alle Anhänger der Caesarmörder, die sich in der Stadt aufhielten, wurden hingerichtet.[47]

Im Oktober 40 v. Chr. wurden in Brundisium die Herrschaftsbereiche der Triumvirn neu abgesteckt. Augustus erhielt die westlichen Provinzen und Antonius die östlichen. Lepidus musste sich mit den nordafrikanischen Provinzen zufriedengeben. Die Anspannungen zwischen Augustus und Antonius sollten durch die Ehe von Antonius mit Augustus' Schwester Octavia beendet werden.[48]

Den vorletzten Bürgerkrieg führte Augustus mit Sextus Pompeius. Sextus Pompeius hatte durch Plünderungen und Überfälle die italische Getreideversorgung immer wieder in Engpässe getrieben.[49] Nach dem Sieg über Sextus Pompeius sah sich Augustus mit einem neuen Problem konfrontiert.

Lepidus, der dritte Triumvir, machte gemeinsame Sachen mit Sextus Pompeius' geschlagenen Truppen und forderte die Räumung Siziliens. Die Truppen wollten jedoch keinen weiteren Bürgerkrieg riskieren, und als Augustus nicht wie erhofft klein beigab, verließen sie Lepidus. Dieser wurde nun von Augustus seines Posten als Triumvir enthoben.[50]

Augustus gegen Antonius

Nach der Entmachtung von Lepidus war Rom nun eine auf zwei Männer verteilte „Militärdiktatur".[51] Doch auch „[...] [d]as Bündnis mit Marcus Antonius, das immer zweifelhaft

47 vgl. Christ, 2019, S. 441f.
48 vgl. Christ, 2019, S. 443.
49 vgl. Christ, 2019, S. 445.
50 vgl. Christ, 2019, S. 452.
51 Bleicken, 2010, S. 235.

und unsicher war und durch mehrfache Aussöhnungsversuche mehr schlecht als recht am Leben erhalten wurde, löste [sich] [...] schließlich auf. "[52] Augustus und Antonius konzentrierten sich nun auf den Ausbau ihres Herrschaftsgebiets. Während Augustus die westlichen Bereiche und damit auch Italien unter sich hatte, verwaltete Antonius den östlichen Bereich.[53] Gerade diese Aufteilung und Antonius' Ferne von Rom sollten im Propagandakrieg, der sich mit der Zeit zum wirklichen Krieg entwickelte, eine wichtige Rolle spielen. Durch Augustus' geschicktes Vorgehen im Umgang mit Propaganda konnte er seinen Konkurrenten ausbooten und den Krieg gegen ihn legitimieren. 40 v. Chr. war Augustus' Name nicht nur mit dem „[...] Verrat an Cicero, Proskriptionen und Enteignungen, sondern auch [mit den] [...] Grausamkeiten der Abschlachtung der Gefangenen von Perusia verbunden. Die Sympathien der Bevölkerung galten Antonius, der zumindest als das kleinere Übel galt, als der großzügigere Mensch und nach seinem Sieg in Philippi als der bessere Feldherr." [54]

Augustus' Innenpolitik vermochte es, sein Ansehen und seinen guten Ruf zurückzugewinnen. Er stellte seinen Ruf als Feldherr durch erfolgreiche Feldzüge wieder her und erlangte als Bauherr die Sympathien des Volkes.[55]

Gleichzeitig erlangte er das Wohlwollen der Bevölkerung als Gegenpart zu Antonius, als er diesen durch Propaganda zum Verräter der römischen Traditionen und Normen stilisierte. Mit der Scheidung von Augustus' Schwester Octavia war auch die letzte Verbindung zwischen den beiden gekappt.[56] Durch die Scheidung jedoch gelang es Augustus,

---

52 Suet. Aug. 17.
53 Bleicken, 2004, S. 90.
54 Christ, 2019, S. 442.
55 vgl. Christ, 2019, S. 454.
56 vgl. Bleicken, 2004, S. 91.

Antonius als unehrenhaften Verräter Roms zu präsentieren, der eine ehrbare römische Frau für die ägyptische Königin Kleopatra verließ. Es verbreitete sich das Gerücht, Kleopatra würde die Schwurformel „... so wahr ich einst auf dem Kapitol Recht sprechen werde." nutzen. [57] Zusammen mit Antonius' Verhältnis zu Kleopatra und den zahlreichen Ehrungen, die er ihr zuteilwerden ließ, war es ein Leichtes für Augustus, die Gerüchte zu befeuern und die Bevölkerung gegen Antonius aufzubringen. Im Jahr 33 v. Chr. hatte Augustus sein zweites Konsulat inne, während sich Antonius weiter im Osten aufhielt und nur gelegentlich in Rom war.

Der Konflikt der beiden Machthaber beschränkte sich zu der Zeit auf Verleumdung und Diskreditierung.[58] Aber der Propagandakrieg entwickelte sich bald zu einem wahrhaftigen Krieg. Augustus ließ das Testament des Antonius öffentlich vorlesen und der Bevölkerung eröffnen, dass Antonius die gemeinsamen Kinder mit Kleopatra als Erben einsetzte.[59]

Zudem wollte Antonius sich nach seinem Tod in Ägypten mit Kleopatra beerdigen lassen. Augustus nahm dies zum Anlass, demonstrativ ein Mausoleum für sich in Rom zu erbauen.[60] So gelang ihm neben der Diskreditierung Antonius', sich selbst als treuen Verbündeten Roms zu präsentieren.

Im Kampf um die Zuneigung des römischen Volkes hatte Antonius klar verloren, wohingegen Augustus in den Augen der Bevölkerung die Interessen Italiens vertrat. Antonius' Handlungen gaben Augustus nun einen Vorwand, um einen letzten Bürgerkrieg zu beginnen und seinen Konkurrenten auszuschalten. Augustus inszenierte den Krieg gegen Antonius als Krieg gegen Ägypten und Kleopatra[61], die durch

---

57 Christ, 2019, S. 457.
58 vgl. Christ, 2019, S. 455.
59 vgl. Suet. Aug. 17,2.
60 vgl. Christ, 2019, S. 457f.
61 vgl. Christ, 2019, S. 458.

ihren Einfluss auf Antonius eine Gefahr für Rom darstellte. Indem Augustus Kleopatra den Krieg erklärte, begann er den Bürgerkrieg, aus dem Antonius als Verlierer hervorging. „In einer gewaltigen Seeschlacht wurde er am 2. September 31 am Vorgebirge Actium in Westgriechenland von [...] [Augustus] oder richtiger von dessen General M. Vipsanius Agrippa geschlagen. Er [Antonius] flüchtete nach Ägypten." [62] Im Sommer des Jahres 30 v. Chr. kam es zur letzten Schlacht zwischen Augustus' und Antonius' Truppen am Hippodrom von Alexandria. Antonius' Truppen verloren. Woraufhin Antonius Selbstmord beging.[63]

Das Prinzipat - die rechtliche Grundlage einer Herrschaft

Diese Geschicklichkeit, die Augustus im Laufe der Bürgerkriege zeigte, musste er nun weiter auf die Innenpolitik übertragen, um seine Herrschaft erhalten zu können. Er stand an einem ähnlichen Punkt wie Caesar nach seinem Sieg über Pompeius und der Übernahme des Staates. Der Sieg über Antonius brachte Augustus die auf der Militarisierung der Politik basierende Alleinherrschaft. Nun musste er einen Weg finden, seine Macht abzusichern. Bevor man aber von der Etablierung des Prinzipates spricht, sollten erst einmal zwei Merkmale der Republik diskutiert werden, die den Aufbau der neuen Regierungsform begünstigten. Neben Augustus' Vorgeschichte als Militärdiktator begünstigten nämlich auch alte Prinzipien des Staates die Sondervollmachten, die es benötigte, um das Prinzipat aufzubauen.

Der erste begünstigende Faktor war die Tatsache, dass trotz des Alters der Republik keine Dokumente existierten, in denen die einzelnen Kompetenzen der Institutionen fest-

62 Bleicken, 2004, S. 91.
63 vgl. Christ, 2019, S. 460.

gelegt waren. Die drei Verfassungsorgane Roms (Volksversammlung, Senat, Magistrate) hatten nur ein vages Konzept ihrer Rolle und damit ihrer Befugnisse. So kam es dazu, dass sie selbst entschieden, ob etwas in ihrem Kompetenzbereich fiel, solange es sich aus dem Kern der Vorstellung ihres Platzes im Verfassungsgefüge folgern ließ. Für Augustus' Etablierung des Prinzipats ist besonders der Senat von Wichtigkeit. Der Aufgabenbereich des Senates waren Detailentscheidungen, während die Volksversammlung Grundsatzentscheidungen traf. So durfte die Volksversammlung über Krieg und Frieden abstimmen, während der Senat das Budget für den Feldherren festlegte. Wenn der Krieg nun über die Amtszeit des Feldherren hinaus andauerte, konnte der Senat durch die Deutung der Entscheidung über die *prorogation* (die Verlängerung der Kommandogewalt eines Prätors oder Konsuls über die Amtszeit hinaus) als Detailentscheidung, die Entscheidung treffen, ohne die Volksversammlung miteinzubeziehen. Auf die Weise erlangte der Senat auch die Kompetenz, Ehrungen zu verteilen oder die Amtszeit eines Magistraten als *e re publica* oder *contra rem publicam* (der öffentlichen Sache zuträglich oder abträglich) klassifizieren zu dürfen.[64] Der zweite Faktor war die Trennung von Amt und Amtsgewalt.

Dies ermöglichte die Verleihung von Amtsgewalt, ohne das wirkliche Amt innezuhaben. Die Trennung von Amt und Amtsgewalt kam besonders zur Zeit der größten Expansion Roms zum Tragen. Sie erlaubte Feldzüge von langer Dauer, die über die Amtszeit des Feldherren hinausgingen, und gleichzeitig ermöglichte sie an der Verfassung festzuhalten. Denn würde beispielsweise ein Prätor nach seiner Amtszeit weiter im Amt bleiben, würde das gegen die Prinzipien der

---

64 vgl. Pabst, 2014, S. 173f

Annuität und der *Iteration* verstoßen. Wenn der Feldherr aber trotzdem weiter im Krieg gebraucht wurde und nicht einfach nach Ende seiner Magistratur das Kampfgeschehen verlassen konnte, wurde ihm das Imperium verlängert, indem er zum *pro consul* oder *pro praetor* wurde (Also ein Privatmann mit Amtsgewalt, aber ohne das eigentliche Amt (*privatus cum imperio*)). So konnte die Verfassung als eingehalten betrachtet werden, aber der Feldzug weitergehen.

Ebenfalls begünstigt durch das Konzept der Trennung von Amt und Amtsbefugnis ist der Vorgang bei den Magistraten mit einem niedrigeren Amt, die Amtsgewalt eines höheren Amtes zugesprochen bekamen. Ein Beispiel dafür wäre der *praetores pro consule* oder *der quaestores pro praetore*. Mit diesem Trick konnten auch Privatleute ein Imperium verliehen bekommen.[65]

Die Restauration der Republik

Vom 13. 08. bis zum 15. 08. 29 v. Chr. feierte Augustus seinen Triumph in Rom[66]. Ein neues Zeitalter war eingeläutet und alle erwarteten gespannt, was Augustus tun würde. Augustus wusste, dass er den Verdacht einer Monarchie niemals aufkommen lassen durfte. Aufgrund der Ermordung von Caesar wusste er, dass das Beharren auf der Alleinherrschaft sehr gefährlich war. Nach seinem Triumphzug bereitete Augustus deswegen eine schrittweise Rückkehr zur Normalität vor. Als Konsul des Jahres 28 v. Chr. kehrte er zu den alten Bräuchen zurück. So versicherte er dem Volk, seine Magistratur korrekt und gewissenhaft ausgeführt zu haben.

Zudem ordnete er die Mitgliederliste des Senats neu, sodass sie auf die Wiederaufnahme der politischen Geschäf-

---

65 vgl. Pabst, 2014, S. 200-202.
66 vgl. Christ, 2019, S. 461.

te vorbereitet sei. Um seinen guten Willen zu zeigen, ließ er ebenfalls verkünden, dass er bereit wäre, Klagen gegen seine Handlungen als Triumvir zuzulassen.[67] Die Krönung dieser Restauration war eine demonstrative Maßnahme im Zuge einer Senatssitzung am 13. Januar 27 v. Chr. Laut Cassius Dio verkündete er dort seinen vollständigen Rückzug aus der Politik. Die Rede, die Cassius Dio anführt, wurde jedoch von Cassius Dio selbst verfasst und kann daher kein authentisches Bild der Senatssitzung vermitteln. Vielmehr ist anzunehmen, dass Augustus vor dem Senat erklärte, dass er weder die Macht nutzen würde, die aus dem Sieg des Bürgerkrieges entsprang, noch seine Sondervollmacht (*triumviralis protestas*) aus dem Bürgerkrieg weiter beanspruchte.

Ob diese Sitzung im Vorhinein abgesprochen war oder die Senatoren, wie von Cassius Dio beschrieben, erst einmal sprachlos waren, ist umstritten. Es ist unwahrscheinlich, dass Augustus ohne Plan an die Sicherung seiner Macht herangegangen ist. Dennoch spricht die Zahl der Senatssitzungen, die sich bis zu Augustus' Ehrungen hinzogen, für eine rege Diskussion im Senat.[68]

Durch diese Aktion legte Augustus formal die Geschicke des Staates wieder in die Hände der republikanischen Institutionen. Er zeigte seinen guten Willen und entging der Gefahr, wegen des Verdachts, eine Monarchie errichten zu wollen, ermordet zu werden.

Mit dieser demonstrativen Geste verdeutlichte er sein Interesse darin, den Staat aufrecht zu halten, und konnte alle Kritik entkräften, die ihm vorwerfen könnten, er würde dem Vorbild seines Großonkels folgen und Alleinherrscher werden wollen. Dass Augustus dennoch Ambitionen hatte, sei-

---

67 vgl. Pabst, 2014, S. 196
68 vgl. Pabst, 2014, S. 197f.

ne Herrschaft aufrechtzuerhalten, und sich nach einer neuen rechtlich ideologischen Grundlage für diese umschaute, zeigte sich wenig später. Auf die Rückgabe der Staatsgeschäfte folgten Sondervollmachten für Augustus. Kurz darauf gab der Senat Augustus einen Teil der Provinzen zurück. Er erhielt unbefriedete Provinzen in Randgebieten, in denen auch Legionen stationiert waren.[69] Dadurch, dass die Provinzen unbefriedet waren, rechtfertigten sie die militärische Befehlsgewalt, die ihm ebenfalls zugesprochen wurde. Im Januar 27 v. Chr. wurde Augustus das *imperium proconsulare* verliehen, in dem er als *pro consule* agieren sollte. Nach zehn Jahren Leitung der zugewiesenen Provinzen wurde das Imperium um fünf Jahre verlängert.

Als diese ausliefen, wurde sein Imperium wieder um fünf Jahre verlängert und, nachdem diese ausgelaufen waren, nochmal um zehn Jahre verlängert. Als diese zu Ende waren, wurde ihm das *imperium proconsulare* nochmal für zehn Jahre verliehen und dann nochmal für zehn Jahre. [70]

Das *imperium proconsulare* war keine neue Idee. Es entstand nach dem Muster des außerordentlichen Imperiums, welches bereits Caesar und Pompeius innehatten. In seiner außerordentlichen Länge war das *imperium proconsulare* mit Caesars Imperium in Gallien vergleichbar, welches er mehrfach bewilligt bekam. Der Präzedenzfall für diese außerordentliche Größe war das Imperium, das Pompeius im Kampf gegen die Seeräuber innehatte.

Pompeius' Imperium erstreckte sich über sämtliche Meere diesseits der Enge von Gibraltar und die Küsten bis 75 km landeinwärts. Außerdem durfte Pompeius nach seinem Ermessen rekrutieren bis zur Obergrenze von zwanzig Legionen und fünfhundert Schiffen. Im Regelfall hatte eine kon-

69 vgl. Pabst, 2014, S. 204f
70 vgl. Pabst, 2014, S. 202f.

sularische Armee nur zwei Legionen.[71] Durch das *imperium proconsulare* blieb Augustus Militärmachtinhaber und Patron eines Heeresklientel, jedoch mit frischer Legitimierung durch den Senat. Augustus behielt so weiter Legionen, auf die er im Notfall zurückgreifen konnte. Er verteilte seine Streitkräfte in den Provinzen, behielt aber zum Schutz der Stadt und sich selbst drei.[72] Hierin zeigt sich das taktische Denken Augustus'. Auch wenn er formal den Staat zurückgab und damit scheinbar seinen Anspruch auf die Alleinherrschaft aufgab, behielt er zu seinem eigenen Schutz und vielleicht auch, um im Notfall politische Interessen durchsetzen zu können, sein Heer als Unterstützung. Ein weiteres republikanisches Element, das Augustus aufrechterhielt, waren die jährlichen Neuwahlen für die Magistraturen. Er ließ sich selbst jährlich bis 23 v. Chr. zum Konsul wählen. Um das zu ermöglichen, nutzte Augustus ein weiteres Schlupfloch der Republik, welches ermöglichte, die Prinzipien zur Kontrolle der Magistrate zu umgehen.

Der Senat hatte die Möglichkeit, vor jeder Kandidatur vom sogenannten *legum solutio* Gebrauch zu machen. Offiziell blieb dabei das Verbot der Konturierung einer Magistratur in Kraft, aber die Senatoren, als Experten, erklärten damit, dass es dem Gemeinwohl dienen würde, wenn in dieser konkreten Situation diese konkrete Person von der Einhaltung dieser Bestimmung befreit wäre.[73]

Diese wiederholte Erneuerung der Ausnahmegenehmigung, welche im Jahresrhythmus stattfand, legte jedoch die Abweichung von der Verfassungsnorm, selbst wenn sie per se nicht rechtswidrig war, immer wieder offen und machte das Amt des Konsuls zur Schwachstelle in Augustus' System.

71 vgl. Pabst, 2014, S. 204.
72 vgl. Suet. Aug, 49
73 vgl. Pabst, 2014, S. 211f.

Reguläre und außerordentliche Imperien hatten alle dieselbe Einschränkung.

Wenn der Inhaber in das politische Leben, die Stadt Rom, zurückkam, verlor er seine Kommandobefugnis. Dadurch, dass Augustus Kompetenzen im zivilen und militärischen Feld hatte und sowohl in der Provinz als auch in der Hauptstadt agieren sollte, mussten für ihn Sonderbestimmungen festgelegt werden. So wurde beschlossen, dass Augustus (wie bereits Pompeius) ohne den Verlust seiner Kommandobefugnis Rom betreten durfte. Ebenfalls durfte er seine Feldherrengarde, die Prätorianer mit in die Stadt nehmen.[74] Aufgrund der Größe seines Imperiums und seiner Tätigkeit als Konsul in der Stadt hatte Augustus nicht die Möglichkeit, all seine Provinzen selbst zu verwalten. Daher war ihm gestattet, *legati*, Stellvertreter für seine Provinzen, auszuwählen. Dass dies nötig war, wusste man aus Erfahrung mit dem *imperium extra ordinem* bereits. Diese *legati* des Augustus wurden von ihm und nicht vom Volk gewählt und hatten damit Macht, die ihnen nicht vom Volk übertragen wurde.[75]

Durch diese Befugnis war es Augustus möglich, unabhängig von Senat und Volksversammlung lukrative Ämter an Verbündete und jene, die er gerne als Verbündete hätte, zu vergeben. Somit war das *imperium proconsulare* nicht nur als Legitimierung seines Heers nützlich, sondern auch als Grundlage, um sich mit der Vergabe von Ämtern Profiteure seiner Macht zu Verbündeten zu machen. Am 16. 01. 27 v. Chr. stellte Lucius Munatius Plancus den Antrag, ihm den Ehrennamen Augustus zu geben. Augustus bedeutet so viel wie der Gesegnete, der von höheren Mächten Begünstigte oder der vom Schicksal Gewollte.[76] Politisch wurde zu der

74 vgl. Pabst, 2014, S. 207.
75 ebd.
76 vgl. Pabst, 2014, S. 198.

Zeit eine neue Ära eingeleitet und auch Augustus wurde zu einer neuen Person gemacht. Sein alter Name war noch immer mit dem Bürgerkrieg und den Schlammschlachten zwischen ihm und Antonius assoziiert.

Auch wenn alle wussten, wer er war, brachte der neue Name nochmal die Möglichkeit, sich für eine neue Ära einen neuen Ruf zu erarbeiten. Die Jahr für Jahr wiederholte Wahl des Augustus zum Konsul war zu der Zeit der Schwachpunkt in Augustus' Stellung. Besonders war sie politisch schädlich, weil sie Zweifel an ihrer formalrechtlichen Korrektheit erweckte.[77]

Augustus' Macht auch im innenpolitischen Raum zu festigen, lief auf das sich schon im Außenbereich funktionierende Modell der Trennung von Amt und Amtsgewalt und seine Übertragung auf die Innenpolitik hinaus. Augustus' Wahl fiel im Juni des Jahres 23 v. Chr. auf das Amt des Volkstribuns, des *tribunus plebis*.

Er ließ sich die *tribunicia protestas* verleihen. Die Amtsbefugnis des Volkstribuns beinhaltete, wie Konsuln Gesetze zu beantragen, das Einberufen einer Senatssitzung und das Vetorecht, mit denen sie jede magistratische Handlung im Zivilbereich, auch die eines Konsuls, unterbinden konnten.

Für sämtliche reguläre Ämter galt, dass alle Kollegen dieselbe Amtsgewalt innehatten und gegenseitig ihre Macht kontrollierten. So gab es auch ein kollegiales Veto, um sich dem Vorhaben anderer Volkstribunen entgegenzustellen und sich gegenseitig zu kontrollieren. Auch bei den zehn Volkstribunen reichte eine einzige Stimme dagegen. An dieser Stelle wird die Trennung von Amt und Amtsgewalt relevant. Augustus ließ sich mit der *tribunicia protestas* nur die Amtsgewalt, nicht das Amt des *tribuni plebis* verleihen.

---

77 vgl. Pabst, 2014, S. 211.

Somit zählte er nicht als Kollege der Volkstribunen. Ein kollegiales Veto eines Volkstribuns spielte für ihn daher keine Rolle. Er hatte durch seine Amtsgewalt die Möglichkeit, Versammlungen des Senats einzuberufen, Gesetzesvorschläge zu machen und mit seinem Veto jede ihm missfallende Handlung zu unterbinden. Volkstribunen mussten *Plebejer* sein, da Augustus aber nur die Amtsgewalt innehatte und nicht das Amt, spielte auch sein Status als Teil des Adelsgeschlechts der Iulier keine Rolle.[78]

Mit der *tribunicia protestas* gelang es Augustus, die Rechte des Volkstribunen auf sich zu übertragen, sich aber nicht an dessen Pflichten halten zu müssen. Das Amt des Volkstribuns war nicht ranghoch, daher war der Volkstribun bei der Berufung des Senats Konsuln und Prätoren untergeordnet. Dies wurde durch ein weiteres Sonderrecht korrigiert. Wenn Augustus das Gremium zusammenrufen wollte, durfte er das jederzeit.

Er durfte ebenfalls jederzeit etwas zur Debatte stellen, etwas von der Tagesordnung nehmen oder eine Abstimmung für ein *senatus consultum* anordnen. Ebenfalls hatte ein Volkstribun nicht die Möglichkeit, als Wahlleiter die Kandidatenliste für Prätur und Konsulat zu gestalten. Auch dieses Manko wurde ausgeglichen. Bewerbungen durften weiter bei Augustus eingereicht werden und wenn dieser sie für gut befand, wurde der Kandidat auf den Wahlvorschlag gesetzt. Die Wahl des Kandidaten war jedoch nicht rechtlich garantiert.[79]

Zusätzlich zu diesen vielen Ehrungen und Ämtern wurde Augustus Inhaber des *imperiums proconsulare maius*, welches ebenfalls keine neue Erfindung ist. Bereit Cicero beantragte dieses für Cassius. Mit dem *imperium proconsulare*

78 vgl. Pabst, 2014, S. 212-215.
79 vgl. Pabst, 2014, S. 218.

maius erlangte Augustus auch die Macht über die ihm nicht untergeordneten Provinzen. Wenn Augustus nun in eine senatorische Provinz kam, hatte er die höchstrangige Machtposition auch in dieser. Er war auch den eigentlichen Statthaltern der Provinz übergeordnet und durfte auch ihr Heer befehligen. Zusätzlich dazu hatte er die Befugnis, selbstständig über Krieg und Frieden zu entscheiden.[80]

Legitimierung der Herrschaft

Durch diese rechtlichen Grundlagen legitimierte er seine Macht. Einen erheblichen Teil der Legitimation machte aber auch die Sympathie des Volkes aus. Diese hatte er im Bürgerkrieg spätestens nach der Verbreitung der Geschichten über seine Grausamkeiten in Perusia verloren. Augustus' Innenpolitik ermöglichte es ihm, sein Ansehen und seinen guten Ruf zurückzugewinnen. Diese Form der Politik, die ihm die Zuneigung des Volkes zurückgab, führte er auch nach dem Bürgerkrieg weiter. Diese Politik war auch die Ursache für die Verehrung des Volkes. Augustus beherrschte es meisterhaft, seine Handlungen mit einer Ideologie zu untermauern und die Massen zu mobilisieren. Im Krieg gegen Caesars Mörder begründete er sein Handeln mit der *pietas*, dem Pflichtgefühl, Caesar gegenüber. Sein grausames Vorgehen basierte laut ihm auf der Notwendigkeit, Rache für Caesar zu nehmen. Später rechtfertigte er seine Aktionen mit dem Ziel, Ruhe und Sicherheit in Italien zu schaffen. Im Krieg gegen Antonius erklärte er diesen zum Verräter.[81] Für die Legitimierung seiner Regierung bedurfte es einer neuen Ideologie.

Diese neue Ideologie war die Annahme, dass er vom Volk als erster Mann im Staat ausgewählt wurde. Um vom Volk als Herrscher angenommen zu werden, gab es zwei Haupt-

80 vgl. Pabst, 2014, S. 216f.
81 vgl. Christ, 2019, S. 462f.

strategien. Die Darstellung seiner Kompetenz als Herrscher und die Gewinnung der Sympathie durch Verbesserung der Lebensumstände der Bevölkerung. Das Verleihen von außerordentlichen Befugnissen war an außerordentliche Leistungen gekoppelt. Dass Augustus Anspruch auf seine Befugnisse hatte, musste immer wieder neu bewiesen werden.

Bei der Einweihung einer neuen Platzanlage, des *Forum Augusti*, deren Säulenhalle mit Statuen der erfolgreichsten Feldherren aus der römischen Geschichte bestückt war, wandte sich Augustus ans Volk. Er verkündete, sie sollten ihn, solange er lebe, an jenen messen und die Nachahmung ihrer Taten von ihm verlangen.[82] Als Leistungsträger für die Bevölkerung kümmerte sich Augustus um Missstände in der Getreide- und Wasserversorgung und in der Brandbekämpfung.[83] In den *Res gestae divi Augusti* berichtet Augustus selbst wie folgt darüber: „Nicht abgelehnt aber habe ich, als größter Mangel an Brotgetreide herrschte, die Sorge um die Nahrungsmittelbeschaffung, derer ich mich so annahm, daß ich innerhalb weniger Tage durch meine Aufwendungen und meine Fürsorge die ganze Stadt von Furcht und der bereits spürbaren Gefahr befreien konnte."[84] „Wie sehr er für diese Verdienste geliebt worden ist, läßt sich leicht denken "[85] Aus Dankbarkeit drängte die Bevölkerung Augustus den Titel *pater patriae* auf.[86] Neben den Maßnahmen zur Verbesserung der Lebensumstände in Rom versuchte Augustus, sich die Bevölkerung mit Geldgeschenken und Unterhaltungsprogrammen gewogen zu halten. Augustus' Tatenbericht ist gefüllt mit Berichten, wie er Roms Bürger beschenkte.

Er berichtet darin zum Beispiel: „Viermal habe ich dem

82 vgl. Pabst, 2014, S. 227f.
83 vgl. Pabst, 2014, S. 242
84 R. Gest. div. Aug. 5
85 Suet. Aug, 57
86 vgl. Pabst, 2014, S. 242

Staatsschatz mit meinen eigenen Mitteln ausgeholfen, indem ich hundertfünfzig Millionen Sesterzen den Verwaltern dieser Kasse übergeben habe."[87] 300 Sesterzen pro Person verteilte er in Caesars Namen.

29 v. Chr. beschenkte er das Volk mit 400 Sesterzen pro Kopf aus seiner Kriegsbeute. 23 v. Chr. kaufte er mit seinem privaten Vermögen Getreide, das er verteilen ließ.[88] Die Gemeinden, die er im Zuge der Landverteilung für die Veteranen zur Zeit des Triumvirats enteignet hatte, zahlte er nachträglich aus.[89] Augustus schreckte nicht vor Aufwänden zurück, um dem Volk ein großartiges Spektakel präsentieren zu können. So lassen sich in den *Res gestae divi Augusti* folgende Stellen finden: „Dreimal habe ich in meinem eigenen Namen Gladiatorenspiele veranstaltet und fünfmal in dem meiner Söhne oder Enkel[...]" [90] „Das Schauspiel einer Seeschlacht veranstaltete ich für das Volk jenseits des Tiber an der Stelle, wo jetzt der Hain des C. und L. Caesar liegt; dafür mußte der Grund in der Länge von tausendachthundert Fuß und tausendzweihundert Fuß in der Breite ausgeschachtet werden. Bei dieser Gelegenheit fuhren dreißig mit Rammspornen versehene Schiffe [...]"[91] Er nahm einigen Städten, die im Bürgerkrieg auf Antonius Seite standen, das Recht zur Selbstverwaltung. Andere Städte, die finanzielle Probleme hatten, unterstützte er im Wiederaufbau. Städte, die Verdienste gegenüber dem römischen Volk vorweisen konnten, beschenkt er mit dem lateinischen oder römischen Bürgerrecht.[92] Des Weiteren gründete er 28 Kolonien und stattete einige von ihnen mit ähnlichen Rech-

---

87 R. Gest. div. Aug. 17
88 vgl. R. Gest. div. Aug. 15
89 vgl. R. Gest. div. Aug. 16
90 R. Gest. div. Aug. 22
91 R. Gest. div. Aug. 23
92 vgl. Suet. Aug, 47

ten wie die Hauptstadt aus. Er erfand ein System, das der Briefwahl glich und Bewohnern dieser Städte Wahlen ermöglichte.[93] Die Bevölkerung konnte unter Augustus endlich wieder nach der langen Zeit des Bürgerkriegs aufatmen. Ein ebenfalls großer Faktor des Zuspruches für Augustus wird der lange ersehnte Frieden sein, den er in seiner Regentschaft verwirklichte.

In den *Res gestae divi Augusti* brüstet sich Augustus damit, dass in seiner Amtszeit gleich dreimal Frieden an allen Grenzen Roms herrschte. Dieser Zustand sei seit der Gründung Roms erst zweimal der Fall gewesen.[94] Er reformierte das Heer und eliminierte damit einen der grundlegenden Faktoren, der die Bürgerkriege seit Marius erst ermöglicht hatte. Er etablierte Normen für Dienstjahre und Entlohnung der Soldaten. Damit die Soldaten nicht für Umsturzversuche zu gewinnen wären, gründete er eine steuerfinanzierte Kriegskasse, aus der Unterhalt und Belohnungen für die Soldaten gezahlt wurden.

So vermied er Engpässe in der Bezahlung der Legionäre. Er legte verbindliche Dienstjahre und Prämiensätze fest.[95]

Zum einen entfernte er die Grundlage für Bürgerkrieg, indem er die Versorgung der Soldaten jetzt offiziell zur Aufgabe des Staates machte und damit deren Treue zum Staat förderte. Zum anderen sicherte er damit seine Stellung ab, denn er verfügte durch sein Imperium über die meisten Legionen und war somit weiter der Inhaber der größten Militärgewalt, die ihm so kein Feldherr streitig machen konnte.

Seine Qualifikation für seine Befugnisse trug er mit der Kaisertitulatur in die Welt hinaus. Die Kaisertitulatur war eine ausführliche Auflistung seiner Titel auf Inschriften und

---

93 vgl. Suet. Aug, 46
94 R. Gest. div. Aug. 13
95 vgl. Suet. Aug. 49, 2.

Münzen. Auf einem Obelisken, den er aus Ägypten nach Rom transportieren ließ, stand zum Beispiel: Imperator Caesar, der Sohn des Vergöttlichten, Augustus, der *pontifex maximus*, zwölfmaliger *imperator*, elfmaliger *consul*, seit vierzehn Jahren im Besitz der *tribunicia potestas*. Anhand dieser Titel sollte abgelesen werden, welche Leistungen er bereits erbracht hatte und sie implizierten, dass man auch in der Zukunft solche von ihm erwarten konnte. Die Inschrift verdeutlichte, dass Augustus bereits zwölfmal eine erfolgreiche Schlacht geschlagen hatte und elfmal von Roms Bürgern als qualifiziert genug für das Amt des Konsuls gesehen wurde. Er wurde dabei als Leistungsträger, nicht Funktionsträger, präsentiert.[96]

So berichten auch die *Res gestae divi Augusti* über die zahlreichen Ehrungen des Augustus. „Zweimal habe ich in Form der Ovation triumphiert, und drei kurulische Triumphe gefeiert; einundzwanzig Mal wurde ich zum Imperator ausgerufen […] Konsul bin ich bis zu dem Zeitpunkt, da ich das schreibe, dreizehnmal gewesen, und stehe im siebenunddreißigsten Jahr der *tribunicia potestas*." [97] Ein wichtiges Zeugnis seines kalkulierten Vorgehens sind auch die diversen Ehrungen, die Augustus ablehnte. Er war sehr bedacht auf die Außenwirkung seiner Ehrungen. „Die ihm vom Volk fast schon mit Gewalt angetragene Diktatur lehnte er mit flehentlichen Bitten ab […]"[98] Als ihm der Titel des Hüters von Gesetz und Sitte vom Senat und Volk verliehen werden sollte, lehnte er dies mit der Begründung ab, das Amt widerspräche den *mos maiorum*, den Sitten der Vorväter.[99]

Man sollte jedoch nicht davon ausgehen, dass Augustus' Herrschaft allein auf der Zustimmung des Volkes beruhte

96 vgl. Pabst, 2014, S. 228f.
97 R. Gest. div. Aug. 4.
98 Suet. Aug. 52.
99 vgl. R. Gest. div. Aug. 6.

oder dass er diese bei Widerstand aufgegeben hätte. In Suetons Kaiserbiografien findet sich ein Zitat aus einem Brief an seinen Stiefsohn, der sich über einen Kritiker Augustus' echauffiert hatte. Darin schrieb er: *„Lieber Tiberius, laß dich in diesem Punkt von deiner Jugend nicht hinreißen und empöre dich nicht zu sehr, daß es jemanden gibt, der über mich Böses redet. Es ist nämlich schon viel, wenn wir erreicht haben, daß uns niemand Böses antun kann."* [100]

Ob Augustus sich nicht die Mühe machen wollte, weil er seine Macht gesichert sah und sich nicht aufregen wollte oder ob die Milde eine Strategie war, um zu zeigen, dass er kein Diktator war und die Republik existierte und alle unter ihm frei waren, ist der Interpretation des Lesers überlassen. Es ist aber festzuhalten, dass Augustus seine Herrschaft abgesichert hatte und dass er Freiraum für Kritik ließ, solange er dabei seine Macht nicht in Gefahr sah. Wenn man nun wieder auf die Ideologie zurückkommt, die seine Herrschaft legitimieren sollte, findet sich gleich am Anfang der **Res gestae divi Augusti** eine aussagekräftige Passage. *„In meinem sechsten und siebenten Konsulat (28 und 27 v.Chr.), nachdem ich den Bürgerkriegen ein Ende gesetzt hatte, habe ich, der ich mit Zustimmung der Allgemeinheit zur höchsten Gewalt gelangt war, den Staat aus meinem Machtbereich wieder der freien Entscheidung des Senats und des römischen Volkes übertragen. Für dieses mein Verdienst wurde ich auf Senatsbeschluß Augustus genannt, die Türpfosten meines Hauses wurden öffentlich mit Lorbeer geschmückt, der Bürgerkranz über meinem Tor angebracht sowie ein goldener Schild in der Curia Iulia aufgehängt, den mir Senat und Volk von Rom widmeten, ob meiner Tapferkeit, Milde, Gerechtigkeit und Pflichttreue, wie die auf diesem Schild angebrachte Inschrift bezeugt. Seit dieser Zeit überragte ich zwar alle an Einfluß*

---

100 Suet. Aug. 51, 3.

und Ansehen, Macht aber besaß ich hinfort nicht mehr als diejenigen, die auch ich als Kollegen im Amt gehabt habe."[101]

Er inszenierte sich als einer unter gleichen, dem aufgrund seiner besonderen Fähigkeiten und Eigenschaften vom Senat unter dem Zuspruch des Volkes besondere Ehrungen zugesprochen wurden. Augustus gelang es durch die Restauration der Republik, die alte republikanische Ordnung scheinbar zu erhalten. Er setzte auf Kooperation mit der Nobilität und lernte von Caesars Schicksal, dass er sich nicht dem Verdacht aussetzen durfte, eine Monarchie anzustreben. Es gelang ihm, seine Alleinherrschaft in einem republikanischen Mantel zu verstecken. Augustus ließ sich mit Sonderbefugnissen ausstatten, die in ihrer Summe monarchisch waren, aber im Außen den republikanischen Schein bewahrten.

Indem er viele Befugnisse auf sich vereinte, konnte er die scheinbare Republik nach seiner Vorstellung leiten. Er ließ die republikanischen Institutionen bestehen, auch, wenn sie nicht länger ihre alte Macht hatten.

Dadurch erhielt er nicht nur länger den Schein der Republik, sondern machte sich auch keine Feinde in der Nobilität. Diese hatten noch immer die Möglichkeit, lukrative Posten zu bekleiden und zum Beispiel Statthalter einer befriedeten Provinz zu werden. Augustus war ein Meister der Selbstinszenierung. Er vermittelte, dass er nicht mehr Macht besaß als andere, obwohl alle Macht im Staat von ihm aus ging.

Er legte Wert darauf zu zeigen, dass er nicht über dem Gesetz stand und dass die Republik noch immer existierte. Er vermittelte den Eindruck, dass ihm die Macht aufgenötigt wurde, und konnte immer so tun, als wäre sie nie sein Ziel gewesen.

Er brachte dem Volk Frieden, Unterhaltung und sicherte

---

101 R. Gest. div. Aug. 34.

die Grundbedürfnisse der stadtrömischen Bevölkerung. Ehrungen, die an monarchische Positionen erinnerten, und die Diktatur lehnte er ab. So fand er die Balance zwischen Ehrungen, die ihn als außergewöhnlichen Menschen darstellten, aber ihn nicht so weit priesen, dass man es ihm als Überhöhung auslegen konnte.

Quellen
Augustus, Res gestae divi Augusti, lat.-griech.-dtsch., mit Kommentar hrsg. von Weber, Ekkehard, 6. Aufl. Düsseldorf 1999.
Sueton, Kaiserbiographien, lat.-dtsch., mit Erläuterung hrsg. von Wittstock, Otto, Weimar 1985.
Sekundärliteratur
Christ, Karl, Krise und Untergang der römischen Republik. Preiswerte Jubiläumsausgabe, Darmstadt 2019.
Bleicken, Jochen, Geschichte der Römischen Republik, 6. Aufl., München 2004.
Bleicken, Jochen, Augustus. Eine Biographie, Hamburg 2010.
Pabst, Angela, Kaiser Augustus. Neugestalter Roms, Stuttgart 2014.

BIOGRAPHIE

Anna B. studierte im Wintersemester 2023/2024 an der Akademie der Denker. Den ersten Kontakt mit dem Konzept der Akademie hatte sie bereits im Herbst 2021, unter dem Namen „Hannah-Arendt-Akademie" bekannt. Die Zeit damals reflektiert sie heute so: „Wie die Römische Republik nach Caesars Tod habe ich mich in einem Schwebezustand der absoluten Ungewissheit und Schockstarre befunden. Ich wusste nicht, wie ich weitermachen sollte. In dieser Zeit fühlte ich mich nicht nur durch die physische Distanz von allen anderen entfernt. Darüber hinaus war es nicht möglich zu verbergen, dass etwas anders war. Es stand einem regelrecht ins Gesicht geschrieben. Der Gedanke der Akademie war deshalb so verlockend, weil sie Austausch mit Gleichgesinnten versprach und vielleicht ein wenig Normalität." Am 9. April 2024 reichte sie ihre Abschlussarbeit über das römische Kaiserreich bei Prof. Dr. David Engels, Dozent für „Alte Geschichte", ein, der diese als „ausgezeichnet" bewertete. Hier ist die Kurzversion ihrer Arbeit abgedruckt. Frau B. ist Jahrgang 2003 und hat sich mittlerweile an der Uni im Fach Geschichte eingeschrieben. Professor Engels und die Akademie der Denker gratulieren Anna B. und wünschen ihr auf ihrem weiteren Wege alles Beste.

Selbstverständnis

**Tradition im Geiste Wilhelm von Humboldts,
siehe DER DENKER 2023**

Das Achten der eigenen Geschichte, das Wertschätzen der Traditionen, das Bewusstsein der eigenen Art, das sind wertvolle Grundlagen für die Freiheit im Innen, sprich für den Frieden mit sich selbst, und auch für die Freiheit im Außen, und letztendlich für ein friedvolles Miteinander der Völker auf der Welt.

Seit Gründung der Karls-Universität in Prag im Jahre 1348 haben viele universitäre Einrichtungen große Persönlichkeiten im deutschen Sprach- und Kulturraum hervorgebracht und das gesellschaftliche Leben nachhaltig geprägt. Damals war die „universitas magistrorum et scholarium", also eine Gemeinschaft aus Schülern und Lehrern, das Vorbild und ein „Studium Generale" war der Start. Das Volk der Erfinder, Dichter und Denker blühte seither auf und war weltweit angesehen. Noch heute wird ein Abschluss an einer deutschen Universität oder Hochschule auf der ganzen Welt geschätzt. Viele Menschen aus dem Ausland studieren genau deshalb gerne in Deutschland, in Österreich und in der Schweiz. Die Freiheit in Forschung und Lehre war zu keinem Zeitpunkt unserer Geschichte selbstverständlich, im Gegenteil. Wir kennen die deutsche Geschichte nur zu gut, sodass wir zahlreiche Angriffe auf diese Freiheit nennen können. Doch gab es stets achtsame Akademiker, die es immer wieder schafften, diese Freiheit mit Ihren Gedanken, Werken und Taten zu verteidigen und sie so auch über dunkle Zeiten hinweg wieder hin zum Licht zu führen. Dazu gehört Friedrich Wilhelm Christian Carl Ferdinand von Humboldt (1767 – 1835).

Die Akademie der Denker sieht sich der Tradition ebendieses humanistischen Bildungsideals Wilhelm von Humboldts verpflichtet.

An vielen Universitäten und Hochschulen des deutschen Sprachraums herrscht auch heute die Freiheit der Lehre und es arbeiten dort vorwiegend renommierte Wissenschaftler. Doch seit einigen Jahren, insbesondere seit 1999, dem Start des sogenannten Bologna-Prozesses[1], wird vermehrt Kritik von Studenten und Dozenten über die strukturelle Einschränkung von universitären Freiheiten geäußert.

Einen traurigen, womöglich aber nur vorläufigen, Höhepunkt stellten die an deutschen, österreichischen und schweizerischen Hochschulen und Universitäten umgesetzten staatlichen Corona-Zwangsmaßnahmen dar. Sie waren für viele Menschen nicht nur ein sichtbares Zeichen für einen immer übergriffiger werdenden Staatsmechanismus, sondern werden bisweilen sogar als Verabschiedung von der altbewährten Universitätsfreiheit wahrgenommen.

Unsere Dozenten an der Akademie der Denker haben diesbezüglich ihre eigenen Erlebnisse geschildert und wir alle waren bisweilen entsetzt ob der Aggressivität, mit der unserem Selbstdenken begegnet wurde. Die Aggression einzelner in Kombination mit der Ignoranz einer schweigenden Mehrheit in unheiliger Allianz mit der Staatsmacht war teils unerträglich. Und noch heute wirkt diese Unerträglichkeit durch eine bisweilen surreal wirkende Verdrängung der noch jungen Vergangenheit weiter. Aufarbeitung? Fehlanzeige! Bei einer Auflösung unserer Traditionen und Werte, dem Abwenden von universitärer Freiheit, der Hingabe zu einer

---

1 Der Begriff „Bologna-Prozess" geht auf eine von 29 europäischen Bildungsministerien im italienischen Bologna unterzeichnete politische Erklärung aus dem Jahre 1999 zurück, nach der hierzulande u.a. das universitäre Diplom durch berufsqualifzierende Bachelor- u. Master-Abschlüsse ersetzt wurde.

„regelbasierten Weltordnung", in der die „Stärke des Rechts" durchzusetzen sei, einem „Social Credit" System, von dem die Vergabe von Studienplätzen abhängt[2], sprich bei einer Verachtung der Freiheit dürfen wir nicht mitmachen. Angesichts dessen, was wir alle bewusst erlebt haben, haben wir unser Recht auf Gehorsam und Abwarten verwirkt.

Die Akademie der Denker versteht sich als die mit Geist beseelte, konstruktive Kritik an diesem System.

Denn wir können nicht auf Einsicht der Regierenden hoffen; so wie beispielsweise Anfang des 19. Jahrhunderts, als das preußische Beamtenwesen am Boden lag und der König sich wohlwollend an Humboldt erinnerte und ihn zum neuen Kultusminister berufen wollte. Der lehnte zunächst ab und erst als der König selbst daraufhin den Befehl erließ, konnte Humboldt sich nicht mehr widersetzen. Seine Reformen und sein Bildungsideal sind heute aktueller denn je und weisen uns einen Weg in eine hoffnungsvolle akademische Zukunft. „Eine Gemeinschaft, die nach Erkenntnis sucht und einen geschützten Ort findet, an dem der Geist der Freiheit wirkt." Die Akademie der Denker möchte die Vision der Freiheit von Wissenschaften und Lehre wiederbeleben.

Unsere Gemeinschaft, bestehend aus Dozenten und Studenten, führt deshalb wissenschaftliche Diskurse ohne Vorgaben in respektvoller Begegnung. Wir achten dabei die Unterschiedlichkeit des Individuums, wodurch wir individuelle Erkenntnisse gewinnen und diese an einem geschützten Ort teilen können.

Die Akademie der Denker versteht sich als Alternative und vor allem auch als eine Ergänzung zu den staatlich an-

---

2 „Eine Studie des Bundesbildungsministeriums empfiehlt für Universitäten ein Sozialkreditsystem wie in China", siehe Beitrag von Ruppert, M.: „Die Konformistenschmiede", Rubikon-Magazin vom 6.9.2022; mit Bezug auf besagte „Studie zur Zukunft von Wertvorstellungen der Menschen in unserem Land" des Bundesministeriums für Bildung und Forschung vom Februar 2021.

erkannten Universitäten. Sie hat ein konkretes Bild der angestrebten Zukunft formuliert: *„Eine Gemeinschaft, die nach Erkenntnis sucht und einen geschützten Ort findet, an dem der Geist der Freiheit wirkt."*

Das Streben nach Universitätsfreiheit ist ein Anliegen, das fast alle alternativen akademischen Bildungsinitiativen eint. Besonders die Freiheit der Lehre und die unvoreingenommene Wissenschaft bilden das Rückgrat der Universitätsfreiheit. Deshalb möchte die Akademie der Denker mit ihrem Studium Generale Menschen zu eigenständigem Denken inspirieren. Daraus lassen sich drei wesentliche Unterschiede zur klassischen Universität ableiten:

1. Das Studium Generale vermittelt universelles Wissen und bietet keine Spezialistenausbildung.
2. Auf der Suche nach Wahrheiten erlangt jeder eine Fülle von individuellen Erkenntnissen.
3. Es gibt keine Denkverbote und das Selbstdenken steht im Vordergrund.

An der Akademie der Denker herrscht dadurch ein offener Diskurs, in welchem sich Studenten und Dozenten wertschätzend begegnen. Durch eine akademische Gemeinschaft bestehend aus Dozenten und Studenten wird an der Akademie-der-Denker der freiheitliche Universitätsbegriff Wilhelm von Humboldts gelebt:

Humboldt geht in seinem Universitätskonzept von der freien, sich selbst bestimmenden Individualität aus, die als solche in ein freies Zusammenwirken mit anderen treten kann, um dadurch fruchtbares wissenschaftliches oder künstlerisches Leben zu entfalten. Deshalb ist die Akademie der Denker eine professionelle Ausdrucksform der Renaissance des oben genannten Ideals. Sie fungiert als institutioneller Rahmen und eine professionellere Organisation dessen, was sich ohnehin eigentlich auch ohne sie im geistigen Leben der Menschen abspielen würde. Diese freiheitliche Form ist nicht um ihrer selbst, sondern um der Wissenschaft willen die bestmögliche. Denn Wissenschaft und Kunst können nicht äußerlich verordnet werden, sondern entstehen aus den individuellen Impulsen der Einzelnen sowie durch deren freie Zusammenarbeit. Hinsichtlich dieses Grundprinzips macht auch die Akademie der Denker keinen Unterschied im Anspruch an Dozenten und an Studenten. Explizit hebt die Struktur unserer Akademie die eigene Verantwortung von Dozenten und Studenten hervor.

Gerade das individuelle Bestreben des Studenten, auch insofern es in eine andere Richtung geht als die vom Dozenten vorgeschlagene, kann besonders fruchtbar für den Letzteren sein. Ja, der Letztere braucht sogar den „unter eigener Leitung" Studierenden für das volle Gedeihen seiner eigenen Arbeit. Die Akademie der Denker vertritt dieses kreative Universitätskonzept nach Wilhelm von Humboldt, indem sie von der schöpferischen Entfaltung des Einzelnen ausgeht und in dieser die beste Quelle der Wissenschaft sieht.

Im Grunde genommen ist dies sogar die einzige Quelle, weil Wissenschaft immer ein geistiges Erzeugnis menschlicher Individuen ist, durch deren Interesse und Bestreben es geschaffen wird, und nicht durch Verordnung Dritter [3].

In diesem Sinne steht das individuelle Interesse des erkenntnissuchenden Menschen an der Akademie der Denker im Mittelpunkt allen Geschehens.

Unsere Aufgabe lautet also, das Suchen zu ermöglichen

---

3 Hoppe, I.: „Der freiheitliche Universitätsbegriff Wilhelm von Humboldts", FIU-Verlag, 11/2018, ISBN 978-3-928780-69-8.

und zu befriedigen, nicht aber den Menschen eine bestimmte Richtung dieses Suchens vorzuschreiben. Es obliegt dem Studenten selbst und ist seine ureigenste Aufgabe und große Herausforderung zugleich, aus dem breiten Angebot des Studium Generale an der Akademie der Denker individuell auszuwählen.

Eigentlich gilt das für jeden mündigen Erwachsenen oder sollte mindestens gelten, dass er selbst wählt. So ist er doch der Schule entwachsen, die ihn auf einer Stufe der inneren Reife entlassen haben soll, auf der er ein universitäres „Studium und der eigenen Leitung" erfolgreich durchführen kann. So verwendet die Schule eine pädagogische Aufbereitung des Stoffes um des Schülers willen. Der universitäre Dozent hingegen vollzieht einfach sein eigenes wissenschaftliches Denken in der Öffentlichkeit, das er als solches um der Wissenschaft willen so darstellt, dass es dadurch für den aktiv Interessierten nachvollziehbar wird.

„Wissenschaft ist Anrecht."

Die eigentliche Tätigkeit einer jeden Wissenschaft liegt im Versuch, die Schöpfungsgesetze näher zu ergründen. Die ganze Menschheit hat zwingend volles Anrecht darauf. Wer also sein Wissen für die Allgemeinheit unverständlich oder sich gar selbst als Inhaber alleiniger Wahrheit darstellt, der trennt die Menschheit – ob bewusst oder unbewusst sei dahingestellt – von der Wissenschaft und damit vom Schöpfer selbst.[4] Der echte Wissenschaftler hingegen strebt das Wahre, Schöne und Gute an und hat unabhängig von seiner fachlichen Disziplin ein naturgegebenes Anliegen, seine Dinge verständlich vorzubringen und sich der Diskussion zu stellen. Der Student hat an der Akademie der Denker die

---

4 Bernhardt, O. E. (1875-1941) alias Abd-Ru-Shin: „Im Lichte der Wahrheit", Stiftung Gralsbotschaft, Stuttgart, 1990, ISBN 978-3-87860-653-6.

Gelegenheit, durch direkten Kontakt mit solchen echten Wissenschaftlern an den Quellpunkt der Wissenschaft heranzurücken, weil er das Vollziehen oder sogar das Entstehen der Wissenschaft in ihrem öffentlichen Vollzug in Vorlesung, Gespräch oder Experiment unmittelbar mitverfolgen, ja bisweilen sogar selbst mitbewirken kann. Um den Rahmen für dieses Ziel zu bieten, verzichtet die Akademie der Denker auf die pädagogisierende Scheinwelt eines verschulten Curriculums.

Dabei müssen wir bedenken, dass „Denken allein nicht alles ist und das Denken in einen richtigen Rahmen gehört."[5]

Bei aller Einsamkeit des Wissenschaftlers braucht er eben auch eine akademische Gemeinschaft.

Eine Gemeinschaft, die Erkenntnis sucht, entsteht an der Akademie der Denker durch die „universitas magistrorum et scholarium", also durch die Gemeinschaft aus „Schülern und Lehrern", wie bereits ausgeführt.

Indem das institutionelle Autoritätsgefälle der pädagogisierenden Unterordnung verschwindet, verschwindet zugleich das pädagogisierende Dickicht, welches um den Schüler hochgezogen wurde und ihn von der Suchbewegung des Forschers abschottete. Dadurch ändert sich das menschliche Verhältnis zwischen Lehrenden und Lernenden. Es wandelt sich von einem der relativen Unterordnung in eines der freilassenden Begegnung zwischen Suchenden, in welcher der Neuling seine geringere Fachkenntnis durch das *„muthige Hinstreben in alle Richtungen"* (so W. v. Humboldt wörtlich) ausgleicht, dessen belebendes Feuer den Fortgeschrittenen anregen kann – und sei es nur zur deutlicheren Darstellung seines Standpunktes, den er im freien Diskurs behaupten

---

5 Ruppert, M.: Im Gespräch „Unter Freunden" mit Bernhard Lassahn, Kontrafunk, Erstausstrahlung am 9. Februar 2023, siehe *https://kontrafunk.radio/de/sendung-nachhoeren/talkshow/unter-freunden/unter-freunden-akademie-der-denker*.

muss, statt ihn hinter den sicheren Mauern eines vermeintlich objektiven Curriculums verordnen zu können. An der Akademie der Denker wird genau diese Art von Diskurs gelebt. Die Grenze zwischen Dozenten und Studenten im streng hierarchischen Sinne schwindet, der gegenseitige Respekt wächst.

Die Dozenten sind von der Pflicht befreit, sich um die Studenten kümmern zu müssen, zugleich aber auch angreifbar, was der Entfaltung einer gediegenen Wissenschaft aber nur zuträglich sei, da es durch fortwährende kritische Überprüfung selbst mitdenkender Köpfe, aber auch durch echte Begeisterung an der Sache der Gefahr sachlicher Fehler oder auch geistiger Stagnation besser entgeht als im Schutz institutionell festgezurrter und daher unhinterfragbarer Programme. So kümmern sich an der Akademie der Denker nicht einzelne Dozenten um einzelne Studenten, sondern die Institution Akademie an sich schafft den Rahmen für ein respektvolles und akademisches Voranbringen des Miteinanders von Dozenten und Studenten.

Nur diese anarchische Binnenstruktur einer freien Universität ermöglicht die Humboldt'sche Forderung, „immer im Forschen zu bleiben" und die Wissenschaft stets als ein „noch nicht ganz aufgelöstes Problem" zu behandeln. Eben daraus erklärt sich, weshalb die anarchischen Prinzipien von „Einsamkeit und Freiheit" um der Wissenschaft willen notwendig sind; weil eben nur durch sie das fortwährende Hinterfragen und das kreative Neuschöpfen erhalten werden kann, während eine verschulte Struktur das Aufkommen eines neuen Geistes wirksam verhindert. Und da es nun einmal die Natur des Geistes ist, schöpferisch und kreativ zu sein, d.h. unter anderem jeden Moment eines Gedankengebäudes in kritischer Selbstreflexion immer wieder von neuem durchzudenken und zu überprüfen und mit neuen Entdeckungen in Wechselwirkung zu bringen, so blockiert die programmatische Festlegung, insofern sie obligatorisch ist, nicht nur den neuen Geist, sondern den Geist überhaupt, d.h. aber auch die Wissenschaft selbst, die gerade in der Universität nicht als abrufbares Ergebniswissen, sondern als Gesinnung und Tätigkeit interessiert und in Tätigkeit erhalten sein will.[6]

„Bilde dich selbst!"

Das Wesentliche kann nie als auswendig zu erlernende Information, sondern nur durch den aktiven Vollzug, also nicht durch Anstarren des Gewordenen, sondern durch Denken des vollziehenden Werdenden erfasst werden, also den kreativ denkenden Geist. Alles andere wäre ein Dogma.

Genau darum geht es an der Akademie der Denker, wenn wir von Inspiration zum Selbstdenken sprechen: Den kreativ denkenden Geist zur individuellen Entfaltung zu bringen, und zwar frei von Dogmen.

Denn „nichts auf Erden ist so wichtig, als die höchste Kraft und die vielseitigste Bildung der Individuen, und deshalb ist der wahren Moral erstes Gesetz: Bilde Dich selbst!"[7]

Wesentlich ist die Ermöglichung der Anwesenheit und Entfaltung kreativer Geister, da Wissenschaft nur durch kreative, selbstständig denkende Geister ist und lebt. Deshalb bietet die Akademie der Denker „nur" Orientierung und gibt wenig Struktur vor. Seine eigene Struktur zu finden, ist Aufgabe des Studenten. Die Akademie der Denker steht maximal helfend bei Seite.

Der Staatsmechanismus, der selbst das Produkt mensch-

---

6 Hoppe, I.: „Der freiheitliche Universitätsbegriff Wilhelm von Humboldts", FIU-Verlag, 11/2018, ISBN 978-3-928780-69-8.
7 Aus „Zitate von Wilhelm vom Humboldt", siehe z.B. *https://gutezitate.com/autor/wilhelm-von-humboldt*

licher Geister ist, sollte aufgrund dieser Selbsterkenntnis seine Wirksamkeit bezüglich der Wissenschaft freiwillig dergestalt begrenzen, dass er sich, im Sinne des Grundrechts auf Bildung und freien Entfaltung der Persönlichkeit, auf das Ermöglichen eines „freien Geisteslebens" beschränkt und nicht meinen, er solle den Geist, dessen Geschöpf er ist, in geistiger Hinsicht bevormunden. Wird diese geistige Bevormundung bezüglich der Richtung inhaltlich und methodisch nicht unterlassen, avanciert der Staat vom Garanten der Gleichberechtigung zur politischen Wahrheitsinstanz, zum Heiligen Stuhl, der bestimmte Richtungen bevorzugt und den Anspruch erhebt, das „allgemein Richtige" zu wissen und somit einen autoritären Unfehlbarkeitsstatus institutionalisiert, den der selbstständige Geist aufgrund seiner Wissenschaft ablehnen muss. So wird implizit die Frage beantwortet, warum es die Akademie der Denker braucht: Wir sind die freiheitliche Antwort auf den Staatsmechanismus.

Denn der Staat ist in wissenschaftlicher Hinsicht nur ein Meinungsträger von vielen, der, selbst wenn das demokratische System perfekt funktioniert, allenfalls die Meinung der Mehrheit vertritt. Die allgemein verbindliche Verordnung der Mehrheitsmeinung bedeutet jedoch einen Rechtsbruch bezüglich des Grundrechts freier geistiger Entfaltung insbesondere derjenigen Persönlichkeiten, welche die Mehrheitsmeinung nicht teilen; was übrigens, wie die Geschichte zeigt, praktisch bei allen genialen Wissenschaftlern der Fall war. Denn der geniale Geist offenbart sich fast immer durch Schöpfung eines Neuen, das vor dieser Schöpfung nicht nur nicht der Mehrheit, sondern schlichtweg niemandem auch nur bekannt, geschweige denn verbreitete Meinung sein konnte. Das Primat der Mehrheit auf dem Gebiet des Geistes bedeutet daher den Tod der Wissenschaft, ganz zu schweigen davon, dass es eine erkenntniswissenschaftliche Zumutung wäre, die Tatsache der mehrheitlichen Anhängerschaft einer Meinung für den wissenschaftlichen Beweis ihrer Richtigkeit hinnehmen zu müssen. An der Akademie der Denker verzichten wir deshalb auf eine Doktrin der Mehrheitsmeinung, vielmehr bildet die kontroverse und sachliche Diskussion einen elementaren Bestandteil des Studiums.

„Unterwirf dich nie!"

Es wäre eine absurde Selbstbeschränkung, sich hinsichtlich seines kreativen Denkens einem selbst geschaffenen Mechanismus zu unterwerfen. Es wäre geistiger Selbstmord und die ewige Selbstverdammung zur Innovationslosigkeit. Denn der Mechanismus ist nicht kreativ, sondern pocht auf die Erhaltung seines gewordenen Seins. Das gilt auch für den Staatsmechanismus, insofern er Regelwerk und Struktursystem ist.

Denn Menschen haben ihn sich gemacht, werden ihn aber verbessern und umwandeln, sobald sie zu neuen Einsichten kommen. Will dieser Mechanismus das Geistesleben beherrschen, blockiert er genau den Schaffens- und Entwicklungsprozess, aus dem er einst selbst hervorgegangen ist.

Die Akademie der Denker sieht sich auch in diesem Punkte im Geiste Humboldts, denn sie ist nicht gegen Staat und Gesellschaft, sondern - ganz im Gegenteil - ein Bestandteil darin und leistet durch ihr Wirken im Sinne Humboldts einen Beitrag zur Erhaltung von Staat und Gesellschaft und erschafft aus sich heraus Impulse der Erneuerung.

Die Angst vor der Unberechenbarkeit des freien Individuums möchte es in feste Systeme einbinden.

Sie erhofft das Heil nicht wie Humboldt von der Entfaltung aller menschlichen Kräfte, sondern von der perfekten Gesellschaftsmaschine. Zu Ende gedacht müsste die Angst vor Kreativität jedem Menschen misstrauen und ihn aus allen Entscheidungsinstanzen verbannen.[8]

Der Mensch würde demnach grundsätzlich als defekt betrachtet werden und wäre nur durch Technologie zu verbessern. Es kann einem so vorkommen, als hätte Humboldt den Transhumanismus[9] vorausgesehen. Denn so könnte der Transhumanismus auch als die in totaler Konsequenz zuende gedachte Antwort auf einen fortwährenden Ruf nach einem starken Staatsmechanismus betrachtet werden.

Dieser schrecklichen Vision setzt die Akademie der Denker folgende Botschaft hoffnungsvoll entgegen: Wir entwickeln unsere Gemeinschaft, an der der Geist der Freiheit wirkt, im Sinne Wilhelm von Humboldts stetig weiter.

„Die Akademie der Denker möchte Menschen zu eigenständigem Denken inspirieren."

Die Akademie der Denker besteht aus einer Gemeinschaft, welche davon überzeugt ist, dass ein Erkenntnisgewinn zuvorderst ein sehr persönliches Anliegen zu sein hat. Erwartungshaltungen von außen gilt es manchmal bei Seite zu stellen und stattdessen die Verantwortung für sich selbst, insbesondere für sein eigenes Denken, zu übernehmen. Hannah Arendt sagte es uns einst recht deutlich: „Man könnte wohl sagen, dass die lebendige Menschlichkeit eines Menschen in dem Maße abnimmt, in dem er auf das Denken verzichtet" []. Wir bieten daher ausreichend Raum zur Entfaltung der Persönlichkeit. Menschen entdecken sich selbst, allem voran die Freude am eigenständigen Denken.[10]

Menschen, die selbst denken wollen, versprechen wir so-

---

8 Hoppe, I.: „Der freiheitliche Universitätsbegriff Wilhelm von Humboldts", FIU-Verlag, 11/2018, ISBN 978-3-928780-69-8.

9 Auf den „Transhumanismus", wie er vom WEF und dessen Vordenker Juval Noah Harari angestrebt wird, geht Max Otte in seinem Beitrag näher ein.

10 Hannah Arendt: „Menschen in finsteren Zeiten", Herausgeber: Ursula Ludz, PIPER Verlag, 5. Edition, Februar 2018, ASIN B078Y4WGZT.

mit, bei uns den passenden Raum zu finden. Oder, um es im Geiste Wilhelm von Humboldts zu formulieren: Wir möchten auf dem Wege der individuellen Suchbewegung inspirieren.

Das Medienhaus ars vobiscum setzt bei seinem Angebot für die Betrachter, Leser und Hörer auf die Erkenntnis, dass Kunst, Wort und Musik, den Auftrag haben, auf faszinierend unmittelbare Weise zu wirken. ars vobiscum widmet sich hochkarätigen Künstlern, Autoren und Journalisten.

Dabei bietet es jenseits der Grenzen von E- und U-Genres eine große Plattform für Journalismus, Literatur, Musik und Kunst.

9 783903 479180